VENCER

As Respostas

Actual Editora
Conjuntura Actual Editora, L.ᵈᵃ

Missão

Editar livros no domínio da gestão e economia e tornar-se uma editora de referência nestas áreas. Ser reconhecida pela sua qualidade técnica, actualidade e relevância de conteúdos, imagem e *design* inovador.

Visão

Apostar na facilidade e compreensão de conceitos e ideias que contribuam para informar e formar estudantes, professores, gestores e todos os interessados, para que através do seu contributo participem na melhoria da sociedade e gestão das empresas em Portugal e nos países de língua oficial portuguesa.

Estímulos

Encontrar novas edições interessantes e actuais para as necessidades e expectativas dos leitores das áreas de economia e de gestão. Investir na qualidade das traduções técnicas. Adequar o preço às necessidades do mercado. Oferecer um *design* de excelência e contemporâneo. Apresentar uma leitura fácil através de uma paginação estudada. Facilitar o acesso ao livro, por intermédio de vendas especiais, *website, marketing*, etc.. Transformar um livro técnico num produto atractivo. Produzir um livro acessível e que, pelas suas características, seja actual e inovador no mercado.

VENCER
As Respostas

**AS 74 PERGUNTAS FUNDAMENTAIS
SOBRE O MUNDO DOS NEGÓCIOS DE HOJE**

Jack e Suzy Welch

www.actualeditora.com
Lisboa — Portugal

Actual Editora
Conjuntura Actual Editora, L.da
Caixa Postal 180
Rua Correia Teles, 28-A
1350-100 Lisboa
Portugal
TEL: (+351) 21 3879067
FAX: (+351) 21 3871491
Website: www.actualeditora.com

Título original: *Winning: the answers*
Confronting 74 of the toughest questions in business today
Copyright © 2006 Jack Welch LLC.
Edição original publicada por HarperCollins Publishers, NY.

Edição Actual Editora – Fevereiro de 2007.
Todos os direitos para a publicação desta obra em Portugal reservados
por Conjuntura Actual Editora, L.da
Tradução: Catarina Espadinha
Revisão: Marta Pereira da Silva e Sofia Ramos
Design da capa: Georgia Morrissey
Foto da capa: Brad Trent
Paginação: Guidesign
Gráfica: Guide – Artes Gráficas, L.da
Depósito legal: 254055/07
ISBN: 978-989-95149-8-0

Nenhuma parte deste livro pode ser utilizada ou reproduzida, no todo ou
em parte, por qualquer processo mecânico, fotográfico, electrónico ou de
gravação, ou qualquer outra forma copiada, para uso público ou privado
(além do uso legal como breve citação em artigos e críticas) sem autorização
prévia por escrito da Conjuntura Actual Editora.

Este livro não pode ser emprestado, revendido, alugado ou estar disponível
em qualquer forma comercial que não seja o seu actual formato sem o con-
sentimento da sua editora.

Vendas especiais: O presente livro está disponível com descontos especiais
para compras de maior volume para grupos empresariais, associações, universidades, escolas de formação e outras entidades interessadas. Edições
especiais, incluindo capa personalizada para grupos empresariais, podem
ser encomendadas à editora. Para mais informações, contactar Conjuntura
Actual Editora, L.da.

ÍNDICE

Introdução	ix

CONCORRÊNCIA GLOBAL ▪ 1
Sobre o Admirável Mundo Novo

1. Enfrentando a China… e todos os outros	2
2. A China é para todos?	7
3. No que diz respeito à Rússia	11
4. Por que é que Paris ardeu	16
5. Vive l'Europe — mas não para já	23
6. O *outsourcing* é para sempre	28
7. Apanhe a globalização antes que esta o apanhe a si	31
8. A vantagem de jogar em casa	35

LIDERANÇA ▪ 39
Sobre Como Ser Um Melhor Chefe

9. Os líderes nascem ou constroem-se?	40
10. A mentalidade de liderança	44
11. Os duros chegam em primeiro	47
12. O derradeiro teste de valores	52
13. Quando cortar o cordão	54
14. A coragem para se tornar num agente de mudança	57

15. Lutar contra os resistentes 61
16. Construir confiança de cima para baixo 64
17. A perigosa armadilha das promoções 66
18. Manter os seus colaboradores motivados 69
19. Como ser eleito chefe 75
20. Vencer o jogo das lamúrias 79
21. Nova função — antiga equipa? 82
22. Quanto mais inteligentes... 84

PRINCÍPIOS E PRÁTICAS DE GESTÃO ■ 87

Sobre Como Gerir um Negócio Para Vencer

23. Recrutar os melhores 88
24. A luta contra a falsidade 93
25. Os limites da franqueza — ou não 96
26. Os argumentos para a diferenciação...
    mesmo na Suécia 98
27. Estratégia para grandes e pequenos 101
28. O enigma dos consultores 105
29. O perigo de não fazer nada 107
30. Até que ponto a sua empresa é saudável? 110
31. A verdadeira função dos RH 114
32. Equipa... e outros filtros 119
33. Acabar com as reduções dos postos de trabalho
    antes que estas aconteçam 123
34. Já chega de orçamentação da treta 127
35. Não foi inventado aqui? 132
36. Compreender a estrutura matricial 136
37. O uso e o abuso do instinto 140

38. O que faz alguém um bom vendedor	144
39. O piso escorregadio que é dar a conhecer resultados	147
40. Prevenir um Katrina empresarial	150
41. O que está a travar as mulheres	154
42. Pagar exorbitâncias pelo fracasso	158

CARREIRAS ▪ 163

Sobre a Vida, a Liberdade e a Procura de uma Promoção

43. O que devo fazer com a minha vida?	164
44. Escolher o caminho certo	167
45. Eu sou quem sou	169
46. Será que um MBA faz realmente a diferença?	171
47. Caro Licenciado	174
48. Grande empresa ou *start-up*?	177
49. Começar com autoconfiança	179
50. A verdade sobre mentores	184
51. O mau chefe	187
52. Acabámos de ser adquiridos e não gostei	190
53. De herói a zero à esquerda	193
54. Serei um empreendedor?	197
55. Um caso de reputação intrínseca?	201
56. Por que não consigo ser recrutado?	204
57. Estão a dizer-me alguma coisa	208
58. Bem-vindo ao Governo, miúdo	210
59. Saber quando parar	213
60. É daquelas pessoas que detestam chefes?	216
61. À procura de um segundo acto	220
62. Consegue ouvir?	222

EMPRESAS PRIVADAS NÃO COTADAS EM BOLSA ■ 225

Sobre Trabalhar para a Família

63. Mas então e o amanhã?	226
64. A essência do nepotismo	229
65. As consequências de vender um negócio	233
66. Trazer o exterior para dentro	235

VENCER E PERDER ■ 239

Sobre Por Que é Que os Negócios São Bons

67. As recompensas da SOX	240
68. A teoria da conspiração *Cocktail Party*	245
69. O que dizer aos netos	248
70. Adeus Genghis Khan	251
71. E os vencidos são…	254
72. Qual a verdade sobre a Wal-Mart	256
73. O verdadeiro veredicto sobre os negócios	263
74. O que significa vencer?	267

INTRODUÇÃO

Em Abril de 2005 publicámos um livro intitulado *Vencer*. Para nós, o objectivo do livro não podia ser mais directo: sistematizar o nosso pensamento sobre as inúmeras perguntas perspicazes, pertinentes e, muitas vezes, urgentes que recebemos enquanto viajámos pelo mundo durante três anos, discursando para centenas de milhares de pessoas sobre os seus desafios a nível de trabalho, carreira e vida. No essencial, queríamos escrever um livro que fosse um tratado filosófico sobre os princípios fundamentais dos negócios e, ao mesmo tempo, um único manual corajoso sobre 'como fazer' e, deste modo, resumir o que parecia ter sido uma conversa longa e excelente.

Mas não fazíamos ideia de que *Vencer* não abrangia tudo — pelo contrário!

Houve uma digressão de promoção do livro, é claro, e espera-se sempre alguma acção quando o fazemos — é o que se procura! Mas, em simultâneo com as habituais aparições na TV e na rádio, também visitámos 37 escolas de Ciências Empresariais pelos EUA e pela Europa, e discursámos para mais de cem grupos empresariais em várias cidades por todo o mundo. Depressa descobrimos que *Vencer* não foi o sumário "Humm, então muito bem, obrigado" que tínhamos antecipado. Foi antes uma situação do género "Espera aí, e que tal —".

Essencialmente, *Vencer* mostrou-nos, mais uma vez, que as pessoas têm uma sede insaciável de falar sobre trabalho. Querem compreendê-lo melhor, discutir todas as *nuances* e encontrar uma forma de fazê-lo melhor. Mesmo depois de terminada a digressão do livro, as perguntas continuaram a aparecer.

Só no último ano, ouvimos vários milhares de perguntas. É um eufemismo dizer que os tópicos eram muito alargados. Existem as perguntas mais "macro" como, por exemplo, "Como podem as nações desenvolvidas competir com a China?" e "Qual é o papel da Wal-Mart na sociedade?"; e as perguntas mais "micro", por exemplo "Como posso ultrapassar o medo de falar em público?" e "Como gerir uma equipa da qual fiz parte — até ontem?". Um gestor de tecnologias da informação do Michigan questionou-nos sobre o futuro da União Europeia e um CEO de Nova Jérsia pediu-nos para fazermos uma lista das características mais importantes a procurar quando se recruta uma equipa de vendas. Centenas de pessoas perguntaram-nos como progredir na carreira, dezenas questionaram-nos sobre como sobreviver a um chefe complicado e duas perguntaram-nos sobre o uso apropriado de franqueza para com trabalhadores mais velhos. Recebemos perguntas de imensos colaboradores de empresas familiares frustrados com uma tia ou um primo incompetente que estava à frente da empresa, ou então a perder a paciência com o nepotismo. Numa carta muito directa, uma recém-licenciada da África do Sul perguntou-nos como adquirir autoconfiança. Ela disse que estava a começar do zero. Numa outra carta, num tom de reflexão agridoce, um correspondente britânico perguntou-nos como poderia reconquistar a sua autoconfiança, que tinha perdido quando foi despedido devido a um fraco desempenho. Algumas cartas têm sido divertidas, como aquela de uma gestora indonésia que nos perguntou como podia fazer com que a sua equipa parasse de explicar todas as decisões que tomava com a desculpa "foi um *feeling*!". E outras bastante sérias, como aquela do engenheiro de Milwaukee que disse: "Chegou a altura de aconselhar os meus netos sobre o que deverão fazer com a sua vida. Então, o que é que vai ser importante no futuro?"

De facto, tem havido tantas trocas de ideias desde a publicação de *Vencer* que nos lembramos frequentemente do que uma empreendedora holandesa nos disse durante uma visita a Amesterdão, em 2002: "Na vida, todos os dias existe uma pergunta nova". Ela tinha mais razão do que poderíamos ter previsto!

Há cerca de um ano compreendemos que, na verdade, nos tínhamos apaixonado pela conversa contínua iniciada com *Vencer*. Para duas pessoas que adoram falar e conhecer pessoas, foi divertimento puro. Mas mais do que isso, foi fascinante. Em cada novo encontro descobrimos pelo que é que as pessoas — novas, velhas e no meio das duas — que trabalham em negócios completamente diferentes e em partes do mundo totalmente distintas, se interessavam com paixão. Aprendemos que, em África, a maioria é pelo facto de começarem de novo. As pessoas estão desesperadas à procura de formas de dar início a empresas e carreiras; sonham abandonar um estilo de vida de sobrevivência. Em nações mais desenvolvidas, os interesses prendem-se normalmente com situações muito mais profundas, com perguntas como: "Como é que se consegue eliminar as situações absurdas do processo de orçamentação?" e "O que podemos fazer para tornar o nosso departamento de Recursos Humanos mais eficaz?"

As conversas contínuas após *Vencer* também nos levaram a desenvolver o nosso pensamento e a explorar vários temas sobre negócios e carreiras que não tínhamos incluído no livro. Ambas foram, no mínimo, actividades de expansão do pensamento. E, finalmente, a oportunidade de nos dirigirmos a uma audiência global que seguiu *Vencer* permitiu-nos continuar a espalhar a mensagem que pensamos não ser suficientemente divulgada — que o mundo dos negócios é o grande motor da sociedade. Cria emprego, paga impostos e abre oportunidades económicas como nenhuma outra instituição o faz. Sim, o sector público tem um papel de apoio enorme — não poderíamos viver no mundo civilizado sem os seus serviços. Mas, com a sua capacidade de cuidar do sustento das famílias, de construir carreiras e de dar em

INTRODUÇÃO *xiii*

troca, acreditamos que o mundo dos negócios é a base de um mundo evoluído.

E, por isso, em Setembro de 2005 aceitámos o convite da agência noticiosa do *New York Times* e começámos a escrever uma coluna semanal de perguntas e respostas que agora são publicadas em quarenta jornais em países de todo o mundo, desde a Inglaterra e o Japão até à África do Sul, ao México, ao Sri Lanka e à Bulgária. Nos EUA, a coluna é publicada todas as sextas-feiras na última página da revista *Business Week*.

Este livro compila as perguntas enviadas para as nossas colunas semanais, mas também inclui questões da nossa digressão de promoção do livro, assim como perguntas que recebemos durante palestras recentes e debates ocorridos em salas de aula. (Actualmente, ambos leccionamos, Jack na Sloan School of Management do MIT e Suzy no Center for Women's Leadership do Babson College.) De um modo geral, todas estas perguntas se inserem em três categorias.

A primeira inclui perguntas sobre ideias que apareceram originalmente em *Vencer*, mas com uma pequena variação. Por exemplo, muitos disseram-nos que concordam com a mensagem de *Vencer* de que a franqueza torna o mundo dos negócios (e a vida) muito melhor, mas não conseguem compreender como pode ser implementada em várias situações, como nas culturas de grande cortesia na Ásia. De igual modo, muitos escreveram-nos sobre o argumento de *Vencer* em relação à diferenciação, a classificação dos colaboradores em termos de desempenho nos 20 por cento do topo, nos 70 por cento do meio e nos dez por cento do fundo. Boa ideia, muitos disseram, mas como pode a diferenciação ser implementada em empresas pequenas, ou em empresas em crescimento, ou em empresas em queda, ou em empresas familiares, ou em empresas suecas, ou em empresas seja do que for? (É tudo possível, dissemos, como poderá ver.)

A segunda categoria inclui perguntas acerca de temas não abordados em *Vencer*. São questões sobre empreendedorismo e empresas familiares, mas também existem algumas sobre situações de trabalho e de carreira que são tão específicas que não pensámos em incluí-las. Uma das nossas preferidas é de uma secretária que, após ter tirado o MBA à noite, ainda acha que não será promovida na empresa onde trabalha. Este problema muito comum de "reputação intrínseca" devia ter sido incluído em *Vencer*. Em vez disso, abordamo-lo neste livro. Graças às perguntas de leitores de todo o mundo, temos também oportunidade, neste livro, de escrever acerca dos tópicos importantes que incluem os assuntos que realmente motivam as pessoas, o desafio de, de repente, se tornar chefe de seus antigos colegas e as três medidas de avaliação de desempenho que achamos que fazem mais sentido para os directores-gerais.

A última categoria de perguntas neste livro diz respeito a temas da actualidade. Como resultado do longo tempo de escrita, em geral os livros não falam das notícias de última hora e *Vencer* não foi excepção. As nossas colunas permitiram-nos fazê-lo, com alguns resultados incendiários. De facto, as perguntas (ou, melhor dizendo, as respostas!) neste livro que despoletaram grande parte do debate são aquelas em que escrevemos sobre os motivos de as mulheres não ocuparem cargos de presidência em empresas com mais frequência, do papel da Wal--Mart na sociedade e do veredicto no caso Enron.

Em relação à primeira, recebemos inúmeros *e-mails*, a maioria muito amáveis, sobre a nossa asserção de que a carreira das mulheres se modifica, não necessariamente para pior, devido a questões biológicas, isto é, ao facto de terem filhos. A reacção não foi tão civilizada quando escrevemos acerca do que consideramos ser o impacto positivo da Wal-Mart no mundo. Sim, 65 por cento das cartas que nos chegaram apoiavam o gigante retalhista e lamentavam a sua habitual condenação nos *media*. Mas as restantes criticavam-nos fortemente e condenavam exaustivamente a empresa dizendo ser um destruidor de comunidades. Finalmente, com muita pena nossa, a nossa resposta ao caso Enron foi recebida com muito negativismo. Dissemos que a empresa era um caso raro de prevaricação empresarial. Dezenas de *e-mails* de todo o mundo diziam o contrário.

Uma palavra sobre como este livro está organizado, que não é de acordo com as três categorias acima descritas! Pelo contrário, para ajudá-lo a orientar-se em áreas de interesse seleccionadas, o livro está organizado por temas. Cada pergunta que recebemos é única, como é óbvio, mas muitas inserem-se em grandes temas. É por isso que uma secção deste livro inclui as melhores e mais representativas perguntas que recebemos acerca da concorrência global, outra secção concentra-se nas perguntas sobre o trabalho numa empresa familiar e outra sobre liderança. No total, existem seis secções de âmbito tão alargado como os próprios negócios.

Este livro inclui 74 perguntas e respostas. Podia ter mais, mas aprendemos que seria disparatado tentar abranger absolutamente tudo em qualquer livro sobre trabalho. As perguntas que se seguem contemplam dezenas de tópicos importantes e talvez todos os temas que são importantes para si.

Mas não referem tudo.

Tal como a vida, as conversas sobre o trabalho irão continuar. Têm de continuar. As economias crescem e caem. A dinâmica competitiva nunca pára de mudar. As carreiras andam aos "ziguezagues". E, por isso, as perguntas irão continuar a surgir e esperamos ansiosamente ouvi-las a todas.

CONCORRÊNCIA GLOBAL

▪ *Sobre o Admirável Mundo Novo* ▪

Quando escrevemos *Vencer*, partimos do princípio de que a globalização tinha incontestavelmente chegado e, portanto, que as pessoas tinham parado de lhe resistir e avançado para uma adaptação vigorosa. Estávamos parcialmente certos. A maioria agora agarra as oportunidades que a globalização oferece, como a expansão dos mercados, mas muitos ainda lutam do outro lado da barricada — isto é, como combater "a concorrência global em rápido movimento" que, como disse um gestor desesperado, "está a surgir subitamente de todo o lado."

E, daqui em diante, continuarão a surgir subitamente. Com a emergência da Índia e da China, e o reacordar gradual da Europa, o sistema económico global tornar-se-á ainda mais integrado. E tal como sugerem as respostas que se seguem, as empresas não podem perder tempo. Têm de entrar no jogo agora.

1

ENFRENTANDO A CHINA...
E TODOS OS OUTROS

Disseram que é necessário reduzir os custos em 30 ou 40 por cento para competir com a China, com os seus salários muito baixos e com a sua divisa subvalorizada. Mas como podemos impedir que os chineses copiem qualquer que seja o método que desenvolvamos para atingir os nossos objectivos?

NEWCASTLE UPON TYNE, INGLATERRA

Não pode! Não pode impedir que os chineses copiem qualquer um dos seus processos de aumento de eficiência e, imagine só, também não consegue impedir que os romenos, os mexicanos ou os norte-americanos o façam. Na realidade, tem de pressupor que toda a sua concorrência, desde a Indonésia até à Irlanda, está ansiosa e pronta a imitar as suas melhores práticas. E fá-lo-á.

É por isso que a sua pergunta é preocupante. Parece que está a ser possuído por aquele sentimento de "não há escolha a não ser a rendição" relativamente ao actual ambiente competitivo. Mas tal derrotismo mata as empresas. Em vez disso, tem de ir buscar as suas energias ao desafio de encontrar ideias e processos que impliquem o progresso. A actual dinâmica competitiva tem de fazê-lo querer correr mais depressa, pensar mais alto e trabalhar com mais inteligência.

E com que fim? A resposta é simples: inovação. Existem, é claro, outras formas de competir mas, sem dúvida, a inovação é a mais sustentável no actual mercado global.

Felizmente, existem duas formas de inovar e juntas podem ser verdadeiramente fortes.

A primeira forma de inovação é exactamente o que se poderia esperar: a descoberta de algo original e útil — uma nova molécula, uma peça de *software* inovadora, uma tecnologia que mudasse as regras do jogo. Este tipo de inovação clássica pode, como é óbvio, acontecer por acidente (numa garagem, por exemplo), mas muito mais frequentemente acontece quando as empresas constroem activamente uma cultura onde as novas ideias são enaltecidas e recompensadas. Na realidade, tal acontece quando as empresas se definem basicamente como laboratórios de novos produtos ou serviços. Pense na Procter & Gamble e na Apple. Ambas são o melhor exemplo da cultura de inovação — e das suas vantagens competitivas.

Mas existe uma segunda forma, menos enaltecida, de inovação que é igualmente eficaz. É o aperfeiçoamento agressivo e contínuo dos produtos que vende ou do modo como faz negócio. Sim, devem inovar e descobrir conceitos totalmente novos, tal como já descrevemos. Mas as empresas também podem (e devem!) inovar procurando melhores práticas, adaptando-as e *aperfeiçoando-as continuamente*. É esta actividade, particularmente em relação aos custos, à qualidade e aos serviços, o caminho mais eficaz para as reduções de custos de 30 a 40 por cento exigidas no actual ambiente competitivo.

O processo de aperfeiçoamento contínuo não tem, na verdade, fronteiras ou limites. É uma equipa de I&D[*] que descobre um novo método e consegue que uma molécula, há muito demonstrada, faça algo diferente; e um engenheiro de *software* que descobre novas aplicações para uma peça actualizada de *software* antigo. São pessoas em toda a organização que fazem um esforço implacável para levar produtos e serviços já implantados a um nível seguinte, desfazendo o *statu quo* de "é assim que fazemos as coisas aqui," e substituindo-o por uma mentalidade que grita "nunca paramos de procurar uma maneira melhor."

---

[*] **N.T.** Investigação e Desenvolvimento.

Por outras palavras, uma cultura de melhores práticas não tem um fim. Quando uma empresa pensa que deixou a sua concorrência a quilómetros de distância, necessita de começar a procurar novamente o "novo e aperfeiçoado," mantendo-se sempre um ou dois passos à frente.

Se a procura for contínua, também tem de ser o mais alargada possível. Não ande apenas à procura das melhores práticas que se escondem debaixo de uma pedra no seu quintal, quer dizer, ao fundo do corredor noutro departamento ou a cem quilómetros de distância noutra divisão. Olhe para as outras empresas dentro e fora do seu ramo de actividade.

A GE aprendeu o essencial do *lean manufacturing** ao visitar as fábricas da Toyota em todo o mundo. Aprendeu a arte e a ciência de aperfeiçoar a rotação de inventário ao estudar as melhores práticas na American Standard, uma empresa de canalizações e ar condicionado. Na verdade, se existe alguma coisa de que pode ter a certeza, é que as empresas — se não forem concorrentes directos, é claro — adoram partilhar histórias de sucesso. Têm orgulho em mostrar o que fazem bem. Tudo o que tem de fazer é perguntar. E perguntar é o que as pessoas em culturas de melhores práticas fazem — a toda a hora.

---

*   **N.T.** Filosofia de gestão que visa reduzir desperdícios de produção.

Nesta altura, estará provavelmente a pensar que é fácil enaltecer as virtudes de uma cultura de melhores práticas mas muito mais difícil pôr uma em funcionamento. Tem toda a razão. Demasiadas vezes, as empresas recorrem ao uso de *slogans* nesta área. Utilizam sempre o velho discurso. *As melhores práticas são óptimas*, dizem, *acreditamos nas melhores práticas*, e por aí em diante. Como é óbvio, este tipo de discurso genérico de apoio resulta em... nada.

Nas verdadeiras culturas de melhores práticas, a procura fanática de novas ideias está incluída na missão da empresa. Além do mais, a procura de melhores práticas e o desejo de aprender e de melhorar continuamente são comportamentos avaliados em todas as avaliações de desempenho e recompensados financeiramente. Em culturas de boas práticas, as empresas-líder contratam e promovem apenas quem tem sede pela aprendizagem contínua.

Sem dúvida, estabelecer uma cultura de inovação é difícil. Mas fazê-lo não é uma daquelas decisões que se possa sentar à mesa a debater. Ou escolhe a descoberta e a melhoria contínua e infinita como um modo de vida na sua empresa, ou pode acenar à sua concorrência à medida que esta passa por si.

■ ■ ■

2

A CHINA É PARA TODOS?

Somos uma empresa canadiana de sucesso e os nossos dois principais concorrentes acabaram de se deslocalizar agressivamente para a China. Sabemos que estão a perder dinheiro, mas mesmo assim tenho receio de que estejamos a cometer um erro ao não nos internacionalizarmos. Devo preocupar-me?

ONTÁRIO, CANADÁ

Na verdade, não se limite a preocupar-se. Tenha medo — tenha muito medo.

Num mundo global, a escala é uma arma poderosa que não pode ignorar. E escala é o que a China lhe pode oferecer, com os seus alargados mercados, produção de baixo custo e talento técnico cada vez mais forte. Não admira que empresas de todo o mundo, incluindo, ao que parece, os seus dois principais rivais, estejam a lutar desenfreadamente para segurar o seu lugar.

Também não é de admirar que os seus concorrentes, no início, não tenham lucros na China. A maioria das empresas estrangeiras ainda não descobriu como acabar com os problemas de início de actividade. De qualquer forma, mesmo se lhe parecer que a sua concorrência está nessa categoria, mantenha-se paranóico. Porque se encontrarem uma forma de tirar partido das oportunidades que a China oferece, podem saltar para outro campeonato competitivo, deixando-o muito para trás.

Portanto, o nosso primeiro conselho é que canalize a energia que gasta ao preocupar-se com a situação para as várias perguntas difíceis que tem de fazer a si próprio acerca do *porquê* da deslocalização da sua concorrência para a China. O que é que eles vêem exactamente? Será apenas o mercado gigantesco? Ou terão uma oferta de produtos e serviços única que os chineses agarrarão? Será uma vantagem ao nível dos custo de produção, ou será um processo de baixo custo e baixo investimento que irá mudar as regras do jogo? Será o acesso a novas tecnologias que poderão mudar a funcionalidade ou o *design* do seu produto que desperta o interesse dos consumidores? Serão as potenciais parcerias com empresas asiáticas que, a certa altura, enviarão importações dos seus produtos de volta para o Canadá e para o resto do mundo?

CONCORRÊNCIA GLOBAL

Durante todo este processo de auto-análise, assuma que a sua concorrência sabe algo sobre as vantagens da China que a sua empresa não sabe.

Mesmo que isso não seja ser verdade.

O facto é que a China está atulhada de destroços de empresas que foram para lá apenas para irem para a China. Foram, por exemplo, porque os seus dois principais concorrentes tinham ido e alguém na organização (talvez como você) não conseguia dormir por causa disso. Eles foram porque, hoje em dia, o mantra "China ou falência" é invocado em todo o lado, desde as salas de aula das escolas de Ciências Empresariais até às salas de reuniões dos conselhos de administração, sempre devidamente noticiado nos *media*. Foram porque existe um sentimento universal de que *toda a gente* vai.

Mas nenhuma é uma boa razão.

Sim, o encanto da escala chinesa é enorme e o poder de escala competitivo é verdadeiro. Mas não vale a pena ir para a China se não souber como é que a escala "China" vai tornar a sua empresa melhor, mais produtiva e mais lucrativa. Nesse sentido, a ideia de ir para a China é idêntica à decisão de ir para qualquer outro mercado novo, quer seja do outro lado da fronteira ou do oceano. Tem de fazer sentido financeira e estrategicamente. Talvez não de imediato, mas dentro de um espaço de tempo aceitável.

O nosso conselho final reside onde começámos — deve mesmo preocupar-se. Na verdade, tem de assumir que a sua concorrência descobriu como é que a escala "China" irá melhorar a sua posição de mercado e irá ajudar a economia a ir para a frente. A seguir, pegue nesse medo e use-o para iniciar uma conversa na sua empresa sobre os motivos pelos quais ainda não descobriram as vantagens que a China pode trazer.

Pode ser porque não existe nenhuma. Nem todas as empresas têm de ir para a China, mas a maioria vai e a maioria devia ir.

Desde que saiba porquê.

■　■　■

3

NO QUE DIZ RESPEITO À RÚSSIA

Todos andam entusiasmados com a China. A minha empresa estabeleceu recentemente uma *joint venture* na China, mas estamos também a pensar em expandir o negócio para a Rússia. Acham que tem potencial?

CHARLOTTE, CAROLINA DO NORTE

O seu nível de conforto no que diz respeito a fazer negócios na Rússia depende da sua coragem e capacidade de correr riscos. A Rússia tem um grande potencial para oportunidades, mas também para desilusões. Poder-se-ia dizer o mesmo da China, talvez, mas parece-nos que, em comparação, a Rússia tem menos aspectos positivos e mais contrariedades óbvias.

Para começar, vejamos o que é promissor na Rússia. Claro, é apenas uma fracção do tamanho da China, que tem mil milhões de habitantes, mas, com 140 milhões de pessoas, a Rússia é maior do que qualquer mercado nacional na Europa, já para não falar do Japão.

E, sem dúvida, está a acontecer na Rússia uma espécie de transformação económica. O crescimento do PIB foi, em média, superior a seis por cento nos últimos seis anos. Compare isto com a França ou com a Alemanha! Entretanto, nos últimos cinco anos, as despesas de capital rondaram uma média de ganhos anuais superior a dez por cento e o rendimento pessoal 12 por cento.

O motor de todo este crescimento tem sido a enorme provisão de recursos naturais da Rússia — madeira, minério e, acima de tudo, petróleo. Na realidade, a Rússia tem o petróleo necessário não só para ser auto-suficiente em termos de energia, mas também para ser um exportador de referência.

Porém, o cenário russo fica mais negro quando olhamos para outros factos. Cerca de um quarto da economia russa é clandestina, está crivada de corrupção e é insensível a qualquer tipo de regulamentação que torne os negócios justos e transparentes. Temos vindo a insurgir-nos contra a regulamentação enquanto símbolo de burocracia, mas para um investidor estrangeiro a Rússia é um argumento convincente do contrário. Podemos mesmo acabar por gostar de regulamentações quando tentamos fazer negócios num país que não tem nenhumas.

É claro que a Rússia não detém o monopólio do desrespeito pelas leis. A China tem um verdadeiro exército de piratas e muitas empresas estrangeiras que aí tentam fazer negócio têm sido boicotadas (ou ainda pior) por algo que consideramos ser evidentes violações da lei da propriedade intelectual. O desrespeito pelas leis na China é, porém, mais dissimulado em comparação com a Rússia, o que poderíamos interpretar como um (pequeno) sinal de que é menos aceite pelas autoridades.

Outros dois pontos de comparação merecem ser rapidamente mencionados. O primeiro é a indústria. A China está a florescer. As fábricas russas permanecem num estado de deprimente degradação da era comunista. Simplesmente não tem existido investimento suficiente na tentativa de trazer estas instalações até ao século XXI. Entretanto, na China estão a ser construídas novas fábricas tendo em vista o futuro.

O segundo é a estratificação social. A Rússia é rica em dinheiro — aquele petróleo! — mas a distribuição da riqueza é um retrocesso até ao tempo dos czares. Um pequeno número de pessoas tem uma grande quantidade de dinheiro; e a maioria, especialmente nas vastas zonas rurais, tem muito pouco. Não existe praticamente ninguém no meio. A China, pelo contrário, tem uma crescente base de consumo de mais de cem milhões de pessoas — quase tão grande como o total da população da Rússia. O seu poder de compra irá, cada vez mais, ser capaz de comportar uma economia saudável e sustentável.

Mas, não queremos parecer demasiado pessimistas em relação à Rússia e demasiado impetuosos em relação à China. Ambos os países estão a meio de grandes experiências. A Rússia está a tentar criar uma mistura de capitalismo e democracia enquanto usa uma abordagem totalitarista para lutar contra o desrespeito geral pelas leis e o flagelo do terrorismo. A China está a tentar criar uma forma de sociedade sem precedentes: uma economia movida pelos mercados (isto é, livre) dentro da superestrutura comunista que limita a liberdade individual. Ninguém sabe como estas modificações em curso irão estar daqui a dez anos, muito menos daqui a 50.

Mas quando analisamos bem as coisas, a China tem realmente uma vantagem para os investidores estrangeiros. Primeiramente, a sua população é quase dez vezes maior. Em segundo lugar, a sua cultura é mais empreendedora; pela nossa experiência, existem mais pessoas na China do que na Rússia com vontade de vencer e que são criativas, fortes e ambiciosas. Em terceiro lugar, a China oferece uma base de exportações mais atractiva, dada a sua capacidade industrial e tecnológica. Finalmente, e talvez de maior importância, a China está concentrada nas indústrias do futuro — electrónica, aparelhos médicos e outras formas de tecnologia. A seguir ao petróleo e a outros recursos naturais, as maiores indústrias da Rússia são a construção de máquinas e a metalurgia. Estas são histórias do passado.

No fim de contas, é por isso que, para nós, é difícil ficarmos tão entusiasmados com a Rússia como com a China. No entanto, a sua empresa não é pouco sensata quando pensa em expandir-se para lá. Pode vir a ser uma decisão bastante inteligente. Só o tempo o dirá.

O tempo já o disse em relação à China. No actual mercado global, a sua empresa *tem* de estar lá. O mesmo não é verdade em relação à Rússia, mesmo com a economia em expansão. Mas se tiver os recursos para absorver os riscos de fazer negócio lá, por que não?

■　■　■

4

POR QUE É QUE PARIS ARDEU

Quando, em Novembro de 2005, estivemos em Paris durante um fim-de-semana, os motins estavam incontroláveis e assim continuaram quando partimos para Estocolmo uns dias mais tarde. Foi aí — na Suécia, onde os imigrantes representam um quinto da população e cerca de 40 por cento dos jovens adultos deste grupo estão desempregados — que uma jornalista nos pediu gentilmente que fizéssemos um comentário acerca do animado debate que rebentou juntamente com a violência:

O que deveriam fazer os líderes da França para parar esta hemorragia? E o que deveriam fazer os líderes de outras nações europeias de modo a garantir que tal não aconteça nos seus países?

A nossa resposta foi, muito simplesmente, que os governos europeus precisam de trabalhar em conjunto com empresas privadas para criar emprego. Não empregos de "faz-de-conta" na função pública, mas empregos verdadeiros em empresas novas. Isso pode ser alcançado através de impostos e de leis de trabalho que encorajem e recompensem o empreendedorismo, a decisão de correr riscos e o investimento.

Parecia que tínhamos defendido o afogamento público de cachorros e gatinhos! A jornalista mostrou-se furiosa.

"Estão *enganados*!" ripostou ela. "A forma de resolver este problema é o governo dar aos desempregados mais dinheiro e subsídios. Por que é que são contra essa solução?"

Somos contra essa solução porque não é uma solução.

Podemos nunca saber exactamente o que provocou os motins em França, mas podemos ter a certeza de uma coisa. Quem confia que o futuro lhes reserva ascensão social e segurança financeira raramente incendiam automóveis. Os motins são uma manifestação de frustração e de raiva. São o protesto dos desesperados.

Haverá menos hipóteses de motins na Europa quando as classes desprivilegiadas tiverem esperança.

A esperança pode surgir de várias realidades — principalmente de liberdade e dignidade. Mas a esperança também provém, em grande medida, de um trabalho que tenha significado e *oportunidade*. O que nos leva de novo para os empregos — empregos verdadeiros.

Os empregos públicos parecem ser todos bons. Deve ser assim, já que um em cada cinco franceses tem um e uma sondagem recente concluiu que 76 por cento de toda a população francesa dos 15 aos 30 anos considera os empregos na função pública "atractivos."

Mas nenhum país pode ter uma economia perpetuamente estagnada e, ao mesmo tempo, introduzir cada vez mais pessoas na função pública enquanto continua a sustentar um generoso sistema social de saúde e de educação, como é o que acontece na maioria dos países europeus desenvolvidos. Com toda a gente a trabalhar em funções sem futuro, quem pagaria os impostos necessários para financiar a máquina?

A verdade é que a Europa precisa de empregos no sector privado e precisa deles desesperadamente. Prestem atenção a esta espantosa estatística, apresentada recentemente no *Wall Street Journal* num artigo de opinião de Joel Kotkin da New America Foundation. Nos últimos 35 anos, escreveu Kotkin, a economia dos EUA criou 57 milhões de novos empregos. A Europa — com um PIB acumulado aproximadamente do mesmo valor do dos EUA — criou apenas quatro milhões.

Quatro milhões! O que é que se passa?

O que se passa são leis e regulamentações que tornam o investimento dispendioso, para não dizer pior. Em países como a França e a Alemanha, existem poucos incentivos fiscais para o investimento arriscado. E as leis do trabalho tornam tão dispendioso despedir pessoas que as empresas, à partida, estão relutantes em recrutar novos colaboradores.

O que se passa é uma atitude europeia generalizada, que pode ser resumida numa frase: grave aversão ao risco.

Quando estivemos na Alemanha, há não muito tempo, conhecemos homens de negócios e falámos acerca da situação económica daquele país. Todos concordaram que os balanços na Alemanha — e na Europa em geral — nunca tinham parecido tão saudáveis. E apesar do que pareciam ser impasses políticos por detrás disto tudo, os grandes grupos estavam em "reestruturação" com o objectivo de tornar os negócios existentes mais competitivos. Isso é saudável — mas na maioria dos casos não é bom para novos empregos. Mas quando perguntámos por que é que as grandes empresas ricas em dinheiro não estavam a investir em novos empreendimentos e a aumentar a sua actividade de fusões e aquisições, quase que se conseguia ver as gotas de suor a formarem-se nas testas por toda a sala.

"Oh não, não — investimos em empresas de Internet no final dos anos 90," disse um executivo, "e perdemos muito. Não queremos nem precisamos desse tipo de confusões outra vez!"

Com todo o respeito, dissemos, está na altura de ultrapassar o trauma. O mundo dos negócios tem a ver com a gestão do risco — não com a fuga ao risco. A melhor coisa em relação à bolha da Internet é o que as empresas aprenderam com ela. Os investidores de capitais de risco tradicionais encaram as perdas apenas como parte do processo.

Mais tarde, um gestor de fundos de pensões na Suécia justificava a falta de investimento por parte das empresas europeias com o crescimento do capital privado em toda a Europa. Sim, essa tendência existe, e é positiva, mas está longe de ser suficiente.

O capital privado é como que uma transfusão feita a um doente — que é, frequentemente, uma divisão em dificuldades comprada a uma empresa grande. A primeira parte da "cura" é, muitas vezes, *reduzir* os postos de trabalho. A reestruturação é óptima para a competitividade; e também é óptima para o país em que as empresas se encontram, pois uma empresa saudável contribuirá para as receitas fiscais. Mas, sejamos claros, se e quando o capital privado cria empregos, o crescimento raramente é explosivo e em geral é muito lento.

O tipo de crescimento de emprego de que a Europa precisa tem de dar esperança às pessoas — isto é, oportunidades — e isso só pode vir de novas empresas, daquelas que todos os dias surgem subitamente nos Estados Unidos.

Elas surgem subitamente por várias razões.

Primeiro, o Governo torna as coisas mais fáceis para que tal aconteça. As leis fiscais postas em prática nos anos 80 e melhoradas pelo Presidente George W. Bush encorajam a formação de capital. E as leis do trabalho tornam possível uma mão-de-obra flexível.

Segundo, a cultura americana apoia quem assume o risco. Os empreendedores são heróis nacionais — pessoas que desenvolvem enormes máquinas de criação de emprego, tal como Bill Gates, Michael Dell, Steve Jobs e muitos outros. Durante a digressão publicitária do nosso livro *Vencer* pelos EUA, falámos com cerca 20 mil detentores de MBA recém-formados em 37 escolas de todo o país. De acordo com a nossa estimativa (não científica), cerca de 20 por cento destes estudantes disseram-nos que planeavam criar o seu próprio negócio.

Pelo contrário, encontrar um empreendedor na Velha Europa — especialmente novo e cheio de energia — é caso raro (mas é certo que encontrámos mais exemplos desta espécie em países da Europa de Leste, como a Eslováquia e a Hungria).

Para finalizar, os EUA têm mercados de capitais dinâmicos. Existem investidores com dinheiro por todo o lado, à procura de novas ideias e dos empreendedores impetuosos que as concretizam.

O ambiente empresarial dos EUA, embora não seja perfeito, contrasta muito com o ambiente na Europa que se vive neste momento.

Alguns dizem que, embora tenham sido terríveis, os motins em França acabam mais cedo ou mais tarde. E também não vão começar noutros sítios. A explicação que dão é que o lento crescimento da população irá, a seu tempo, criar oportunidades de emprego para todos.

A realidade não é assim tão simples.

As oportunidades de emprego na Europa virão quando os governos e as empresas trabalharem em conjunto para criar emprego — emprego verdadeiro — sob a forma de novos empregos entusiasmantes. As leis fiscais e do trabalho terão de mudar, tal como outras políticas governamentais. E as atitudes também — no sentido de correr riscos. As empresas terão de se aventurar e de investir em novos empreendimentos. Os empreendedores terão de sair dos seus esconderijos e de começar a construir o futuro.

Sim, alguns investimentos irão falhar.

Mas muitos terão sucesso e, juntamente com eles, também a Europa.

■ ■ ■

5

VIVE L'EUROPE — MAS NÃO PARA JÁ

Está sempre a falar-se do futuro da China e da Índia, mas como pensam que estará a Europa daqui a cinco anos?

FARMINGTON HILLS, MICHIGAN

Tendo em conta tudo o que está a acontecer na Europa — todas as tendências económicas, políticas, sociais e demográficas, sem falar no milhão de franceses nas ruas em protesto contra uma pequena reforma no emprego — seria muito fácil dar todo o continente como morto.

Mas, a Europa ainda não está acabada, nem vai estar.

Sem dúvida que a Europa não fez qualquer progresso nos últimos dez anos. Aliás, enquanto o resto do mundo correu para se globalizar e para se tornar mais competitivo, a Europa manteve-se acima das ondas de mudança.

Isto não se aplica a *toda* a Europa, é claro. Há duas décadas atrás, o Reino Unido enfrentou a realidade dos mercados globais emergentes e liberalizou a sua economia, de modo a manter-se competitivo. E vários países da Europa de Leste, como a Hungria e a Eslováquia, libertaram-se das algemas do comunismo com reformas pró-negócios eficazes.

Mas as promissoras notícias da área económica que nos chegam destes países são minimizadas pelas notícias perturbadoras que vêm de França, da Alemanha e de Itália. Com a sua aversão ao investimento de capital e a assumir riscos, os três pilares da Velha Europa estão praticamente paralisados pela arteriosclerose das suas economias de Estado-providência

Observemos algumas estatísticas.

Durante os últimos 35 anos, segundo Joel Kotkin da New America Foundation, a economia dos EUA criou 57 milhões de novos empregos. No mesmo período, a Europa — com um PIB acumulado aproximadamente do mesmo valor do dos EUA — criou apenas quatro milhões (e a maioria destes foi no sector público). Entretanto, a taxa de desemprego europeia ronda os dez por cento, o dobro da dos EUA.

E a Europa também não está posicionada para colher os lucros dos sectores da ciência e da tecnologia em crescimento. O investimento *per capita* em I&D na Alemanha, em França e em Itália, por exemplo, é cerca de metade do dos EUA. As estatísticas demográficas são igualmente pouco animadoras. A França, a Alemanha e a Itália têm uma população em decréscimo que (naturalmente) também está a envelhecer.

CONCORRÊNCIA GLOBAL

Talvez mais preocupante ainda seja o facto de o continente parecer estar a sofrer de um mau humor colectivo. Confrontados com a pergunta "Está satisfeito com a sua vida?" numa sondagem da Harris Interactive, cerca de 18 por cento dos europeus (de França, Alemanha e Itália) respondeu "muito," comparado com 57 por cento de norte-americanos. Pior ainda, estes europeus disseram que se sentiam presos à rotina. Confrontados com a pergunta "Como espera que a sua situação pessoal mude nos próximos cinco anos?", apenas um terço perspectivou uma melhoria. Pelo contrário, dois terços de norte-americanos esperavam um futuro melhor.

Então, se os próprios europeus parecem estar prontos para passar a certidão de óbito do futuro do continente, por que é que nós não estamos?

Existem três razões principais.

A primeira é que a Europa é simplesmente uma economia muito grande e estabelecida para se desmoronar. Lembram-se de 1980? A concorrência japonesa ia pôr os EUA fora dos negócios. A taxa de desemprego dos EUA aproximava-se dos dez por cento, a inflação chegava aos 14 por cento e a taxa de juro preferencial era superior a 20 por cento. Tal como os europeus hoje, os norte-americanos naquela altura estavam tão pessimistas que o Presidente Jimmy Carter declarou o país *malaise*[*].

---

[*] N.T. Em mal-estar.

Mas havia demasiado em risco para se desistir. Os norte-americanos elegeram um novo Presidente cuja característica distintiva era o optimismo. Ele galvanizou o orgulho nacional (e os gastos no sector da defesa) ao enfrentar o comunismo, reduziu os impostos e libertou o espírito empreendedor que reanimou a economia norte-americana.

A Europa tem, igualmente, demasiada história, infra-estruturas e promessas para cair no nada. A sua mão-de-obra, por exemplo, está entre as mais qualificadas do mundo. E embora moderados, existem alguns sinais de descontentamento com o *statu quo*. A defensora de reformas Angela Merkel foi eleita chanceler da Alemanha. E o Governo francês, na esperança de despoletar o crescimento do emprego, tentou mudar uma regra do trabalho. Essa reforma foi deitada por terra por protestos, mas pelo menos o Governo fez uma tentativa de progresso. Voltará a fazê-lo — por necessidade.

A segunda razão é o novo e interessante quadro de líderes da área dos negócios com um impulso transformador: Carlos Ghosn da Renault e da Nissan, Dieter Zetsche da Mercedes e Klaus Kleinfeld da Siemens, referindo apenas três. Estes indivíduos, e não estão sozinhos, compreendem que as suas empresas operam num mundo global e estão a levar a cabo as difíceis mudanças que são necessárias para as manter competitivas.

E a última razão por que a Velha Europa vai sobreviver é a Nova Europa. As nações do Leste Europeu, com os seus governos pró-negócios, estão a produzir uma geração totalmente nova de empreendedores que vêem oportunidades em toda a parte e fronteiras em lado nenhum.

Durante a nossa última viagem a Varsóvia, por exemplo, ouvimos um homem de negócios discursar para trezentos outros empreendedores polacos. Ele chocou-os ao dizer: "Estamos a ficar muito caros por estes lados. Quero que a minha empresa seja o *outsourcer* da Europa, por isso estou a transferir todas as novas actividades para a Ucrânia — e vocês devem fazer o mesmo!" Depois de um sobressalto colectivo, o grupo, embora pequeno, ficou eléctrico de tanto entusiasmo. E parece-nos que isso diz mais acerca do futuro da Europa do que uma sondagem de opinião dos queixosos franceses, alemães e italianos.

Então, como estará a Europa daqui a cinco anos?

Não estará florescer. Mas estará melhor. Aliás, a Europa, cada vez mais depurada dos efeitos calcificantes do sistema socialista e recorrendo à energia dos seus novos líderes de negócios e empreendedores, estará no caminho de um futuro económico positivo que aparentemente — e tristemente — muitos dos seus habitantes hoje não prevêem.

6

O *OUTSOURCING* É PARA SEMPRE

Como poderemos mudar as coisas nos EUA para que não tenhamos de realizar *outsourcing* para a Índia e outros países?

ORLANDO, FLORIDA

Não podemos — e não devemos.

O debate acerca do *outsourcing* já devia ter acabado. Era basicamente tudo uma questão política. A questão agora não é como paramos o *outsourcing*, mas como usamos o *outsourcing* para aumentar a competitividade no que é, e será sempre, um mercado global.

É claro que o *outsourcing* não tem sido indolor; os despedimentos são muito dolorosos. No entanto, têm de ser encarados como parte de um enquadramento mais alargado, no qual o *outsourcing* é não só parte integrante da economia mundial, mas também crucial para a norte-americana.

É parte integrante porque as economias, por definição, respondem à procura dos consumidores, que estão à espera da combinação do preço mais baixo com a melhor qualidade. E as empresas não conseguem cumprir essa expectativa sem andarem pelo mundo à procura de vantagens em termos de custos e de mentes inovadoras.

No que diz respeito ao impacto de tudo isto nos Estados Unidos, bem, é difícil criticar. Desde meados de 2003, a economia norte-americana cresceu cerca de 20 por cento, o que equivale a mais de 2,2 biliões de dólares — igual ao valor da totalidade da economia da China. Sete milhões de empregos foram criados desde então. O crescimento salarial aumentou de 1,5 por cento no início de 1994 para mais de quatro por cento em 2005.

Pode ter a certeza que estas estatísticas significam que os opositores ao *outsourcing*, muitos dos quais desapareceram de cena mesmo antes das eleições de 2004, não estão presentes na campanha de 2006. Esses adversários tinham previsto que os empregos norte-americanos da área da tecnologia migrariam em massa. Na realidade, os empregos nessa área aumentaram 17 por cento relativamente ao nível de 1999 antes da bolha. Não é de admirar que muitos políticos elogiem agora os benefícios de um sistema global integrado.

Se existe algum problema neste momento na economia dos EUA, não é a perda de empregos por causa do *outsourcing*. É a falta de mão-de-obra qualificada devido à restrição à imigração. De facto, se o Congresso quisesse tornar a economia norte-americana mais competitiva teria de aumentar o limite de vistos H-1B, tornando mais fácil aos profissionais estrangeiros qualificados trabalhar neste país. Idealmente, a totalidade do programa podia ser substituído por um sistema de *green card* permanente que envolvesse os trabalhadores qualificados numa relação mais duradoura e positiva com a cultura norte-americana — e, por fim, que construísse um futuro económico melhor para todos.

Por isso, em relação à sua pergunta, esqueça o *outsourcing*. O actual desafio dos EUA em relação ao trabalho é o *insourcing* de talento.

■ ■ ■

7

APANHE A GLOBALIZAÇÃO ANTES QUE ESTA O APANHE A SI

Como deve uma empresa tradicional — com as suas estruturas sólidas, processos rígidos e colaboradores de longa data — mudar de modo a competir com a ágil concorrência global que surge de todo o lado?

SÃO PAULO, BRASIL

Primeiro, pressupomos que a sua empresa ainda não está cercada pela concorrência global. Você está demasiado calmo.

Não há problema, por agora. Mas prepare-se, porque o facto de a "guerra" ainda não ter começado oficialmente vai dificultar mais o avanço do seu trabalho do que se a sua empresa estivesse com um problema muito publicitado. As transformações organizacionais, especialmente do género "admirável mundo novo", exigidas pela concorrência global, quase nunca acontecem excepto se as pessoas realmente sentirem necessidade disso. A sobrevivência é um grande factor de motivação.

Se não existir uma crise, todos gostam do modo como as coisas funcionam! Uma burocracia como a sua, na realidade, pode ser como um "banho quente". Nunca se quer sair de lá. E certamente não tem a mínima vontade de saltar para a água gelada, que é como vão parecer no início os comportamentos radicalmente diferentes exigidos pela concorrência global. Afinal, as organizações globalmente competitivas devem ser horizontais, rápidas e transparentes. Uma comunicação informal e franca é obrigatória, assim como uma forma de pensar na qual se anda constantemente à procura das melhores práticas dentro e fora da empresa.

Visto que as pessoas não vão saltar para a água gelada, precisam de um empurrão. É por isso que você, ou qualquer outro líder que tenta estimular a mudança, tem de arranjar argumentos convincentes — e de tornar o caso pessoal. Os seus colaboradores mudarão quando, e apenas quando, virem que novos comportamentos irão melhorar a empresa e, mais importante ainda, a sua própria vida.

Portanto, seja decidido e pormenorizado. Use a maior quantidade de informação que conseguir reunir sobre a dinâmica industrial, as margens de lucro, as tecnologias emergentes, as tendências políticas — seja o que for

— com o objectivo de encontrar dois cenários, um sobre aquilo em que a empresa se tornará caso não mude e um outro caso mude. Contraste o encerramento da fábrica com oportunidades de crescimento dentro e fora do país; a perda de emprego com trabalho mais interessante; e salários estagnados ou em diminuição, sobrando mais dinheiro para todos.

A seguir, comece uma campanha. Fale, fale, fale. Não acreditar em— ou não absorver— uma mensagem difícil à primeira ou à segunda faz parte da natureza humana. Terá de repetir o seu argumento até lhe começar a faltar o ar e depois voltar a repeti-lo.

Mais tarde, porém, se o seu argumento for suficientemente convincente, os comportamentos irão mudar. Mudarão mais depressa se os elogiar e enaltecer publicamente onde quer que aconteçam, e ainda mais depressa se recompensar que demonstre mudar.

Por falar em pessoas, duas outras acções irão ajudar a sua transformação a ter como resultado uma empresa à altura dos desafios de um mercado sem fronteiras. Primeiro, certifique-se de que começa a recrutar e a promover verdadeiros crentes — os que acreditam totalmente na mudança e que irão também tentar persuadir os outros. E, em segundo lugar, certifique-se de que começa a eliminar os resistentes que não se conseguem separar dos bons velhos tempos, por mais que tente convencê-

-los. Sim, alguns deles podem fazer o trabalho de modo satisfatório, mas deviam estar a trabalhar noutro lado.

Ou seja, numa das poucas empresas por aí que não têm concorrência global.

■ ■ ■

8

A VANTAGEM DE JOGAR EM CASA

Desde que a República Checa e outros países pós-
-comunistas se abriram ao investimento estrangeiro,
muitas empresas estrangeiras — em particular norte-
-americanas e europeias — enviaram principalmente
colaboradores seus para gerir as operações. O problema
é que estes gestores são normalmente incompetentes e
de segunda categoria, e têm apenas uma competência,
a capacidade de falar a língua mãe. Não trazem nada
à empresa e acabam por ter de contar com a lealdade
inata e com o entusiasmo dos colaboradores locais para
fazer as coisas. Por que é que as empresas são tão limitadas neste aspecto?

PRAGA, REPÚBLICA CHECA

Não são limitadas — estão apenas apreensivas. Tal
como os turistas norte-americanos que vão comer
ao McDonald's nos Campos Elísios ou os turistas franceses que trazem o seu próprio vinho para a Disney World,

as empresas preferem ter o que lhes é familiar em vez de autenticidade. Agora, preferir o que é familiar pode não ser um princípio de boa gestão, mas faz certamente parte do comportamento humano.

E veja, o problema que descreveu é universal. Não é exclusivo das empresas norte-americanas e europeias que se deslocalizam para o mundo pós-comunista. Desde o princípio da globalização moderna que as empresas têm tido tendência para "escolher os da sua espécie" quando iniciam operações no estrangeiro. Quando os japoneses se começaram a deslocalizar para os EUA, ou para qualquer outro local, escolheram geralmente chefes japoneses. E o mesmo padrão é válido para os alemães, os britânicos e para muitas outras nacionalidades. Todos querem as suas pessoas de confiança à frente das operações em zonas longínquas, especialmente no início, quando ainda se desconhece o que se passa no ambiente local.

A expressão-chave aqui é "no início," porque os problemas do género dos que referiu começam quando as empresas estrangeiras ficam no comodismo e mantêm os seus concidadãos à frente da empresa por mais do que alguns anos. Esta táctica deixa escapar uma verdadeira oportunidade. Porquê? Porque os locais conhecem *sempre* melhor o seu país; sabem como o seu Governo funciona e como a sua população pensa. Sabem quais as universidades nacionais que produzem os melhores

CONCORRÊNCIA GLOBAL

talentos; conseguem entender o que as pessoas na televisão, nas salas de estar, nos bares e nas fábricas estão realmente a dizer sobre o futuro político e económico do país. Conseguem sempre "usar o sistema para seu proveito" com maior perspicácia e facilidade. E é por isso que as boas empresas sabem que quanto mais cedo puserem um executivo local à frente das operações no estrangeiro melhor será. E as melhores empresas trabalham arduamente desde o dia em que chegam e desenvolvem o talento local com programas de formação globais, criando um sistema repleto de gestores intermédios com hipóteses de chegar ao topo.

Sem dúvida, existirão sempre empresas globais que não decidem suficientemente depressa delegar a gestão nos executivos locais. Mas, mais tarde, essas empresas acabarão por sofrer uma verdadeira fuga de cérebros, à medida que empresas mais inteligentes entram no país e roubam o talento local para as suas próprias actividades de expansão. Na Europa de Leste em crescimento, tal como na Ásia, a concorrência pela gestão profissional é feroz. Nenhuma empresa estrangeira se pode dar ao luxo de manter os colaboradores locais em cargos inferiores, sob o véu controlador dos executivos da terra-mãe. Esses talentos locais acabarão por sair para empresas que ofereçam crescimento e um futuro, levando os seus conhecimentos consigo.

Portanto, embora compreendamos a sua frustração em relação às empresas "limitadas" da sua região que continuam a valorizar "o diabo" que conhecem em vez de darem um salto para o desconhecido, não se preocupe muito. O problema acaba geralmente por se autocorrigir. A seu tempo, as boas empresas põem os gestores locais à frente das operações. Não podem deixar de o fazer.

■ ■ ■

LIDERANÇA

▪ *Sobre Como Ser Um Melhor Chefe*

Conhece o estereótipo do chefe "sabe-tudo" que controla os seus colaboradores como um pequeno ditador arrogante? Provavelmente existe um fundo de verdade nisso, e provavelmente é uma realidade em muitas empresas, mas ler as perguntas e comentários que recebemos por *e-mail* é perceber a quantidade de executivos que decididamente anseiam ser grandes líderes. Querem alcançar as mentes e os corações dos seus colaboradores e ajudá-los a crescer e a prosperar. Querem construir confiança, ganhar respeito e soltar a energia da sua equipa para vencer. De facto, a sua paixão consegue ser resumida da melhor maneira por um engenheiro sul-africano que nos enviou um *e-mail* no dia em que foi promovido a gestor pela primeira vez. "O meu objectivo," disse ele, "é ser recordado pela minha equipa como o melhor chefe que alguma vez tiveram."

De uma maneira ou de outra, todas as perguntas — e respostas — neste capítulo são sobre este tema.

9

OS LÍDERES NASCEM OU CONSTROEM-SE?

É possível formar as pessoas para serem verdadeiros líderes — ou acham que os melhores líderes já o são à nascença?

BRASÍLIA, BRASIL

Para alguns, a questão de os líderes nascerem assim ou serem construídos é puramente intelectual — um estímulo para um bom debate numa sala de aula ou num jantar. Mas para pessoas como você, em cargos na linha da frente com poder para recrutar, promover e despedir, a questão "Quem tem o que é preciso para ser líder?" é, sem dúvida, mais urgente. Acertar na resposta pode motivar a cultura e o desempenho de uma organização até níveis completamente novos. Errar a resposta pode também ter o mesmo efeito — mas em sentido descendente.

Então, qual é a resposta? Uma vez que estamos a falar sobre a vida real, é claro que não é simples nem directa.

A verdade é que algumas características da liderança *são* inatas e são colossais. São de extrema importância. Por outro lado, duas características-chave de liderança podem ser desenvolvidas com formação e experiência — aliás, é necessário que o sejam.

Porém, antes de avançarmos mais, vamos falar sobre a nossa definição de liderança. A liderança inclui cinco características essenciais. A propósito, estas características não têm a ver com integridade, que é uma exigência em qualquer cargo de liderança, nem inteligência, que é, de igual modo, um bilhete de acesso ao jogo no complexo mercado global dos nossos dias. Nem a maturidade emocional, outra necessidade. Estas três características são básicas — são essenciais.

Então, vamos para além delas. Pela nossa experiência, a primeira característica essencial de liderança é energia positiva — a capacidade de trabalhar-trabalhar--trabalhar com uma vitalidade saudável e uma atitude optimista nos bons e nos maus momentos. A segunda é a capacidade de estimular os outros, libertando a energia positiva de *todos*, a fim de enfrentar qualquer obstáculo. A terceira característica é a capacidade de arriscar — de tomar decisões difíceis, de dizer sim ou não, nunca talvez. A quarta característica é o talento para executar — muito simplesmente, conseguir que as coisas sejam feitas. Em quinto e último lugar, os líderes têm paixão. Interessam-se profundamente. Suam, acreditam.

Como deve ter percebido, a energia positiva e a capacidade de estimular são intrínsecas. Basicamente, fazem parte da personalidade. Da mesma forma, a paixão parece ser inata. Alguns parecem nascer munidos de intensidade e de curiosidade; por natureza amam as pessoas, a vida e o trabalho. Está *dentro* deles. *É* o seu próprio ser.

As capacidades de arriscar e de executar são diferentes. Os recém-contratados raramente demonstram estas características e até os gestores intermédios tiram benefícios da formação nestas duas áreas. Mas o melhor professor para estas duas características é uma guerra de trincheiras. Isto porque as capacidades de arriscar e de executar são, em grande medida, qualidades que nascem da autoconfiança. Consegue dizer-se sim ou não com muito mais à vontade depois de tê-lo feito várias vezes e de ter visto como ser-se decidido a tomar decisões funciona bem. De igual modo, só perante desafios verdadeiros é que os gestores conseguem realmente sentir o poder de agir rapidamente, de exigir responsabilização e de recompensar resultados. Podem também sentir como é prejudicial não executar — um erro que a maioria dos líderes eficazes não comete duas vezes.

Então, os líderes nascem ou constroem-se? A resposta é (talvez sem surpresas) as duas coisas. A sua melhor estratégia, portanto, é recrutar quem tem energia, capacidade de estimular e paixão. Invista na formação e no desenvolvimento das capacidades de arriscar e de executar. Promova aqueles que possuírem uma boa dose desta cinco características. Porém, nunca se esqueça que nem todos nasceram para ser líderes. Mas enquanto for um — e você é — é seu dever encontrar e fortalecer aqueles que o podem vir a ser.

■　■　■

10

A MENTALIDADE DE LIDERANÇA

Gostava de receber o vosso conselho e a vossa ajuda porque fui promovido para assumir um cargo de liderança pela primeira vez. É uma posição sénior com muitos desafios e gostava de saber como tenho de me comportar e de assumir este papel.

RANDBURG, ÁFRICA DO SUL

Primeiro que tudo, merece ser elogiado. Não por ter sido promovido, embora isso seja muito bom, mas porque parece compreender que tornar-se líder significa ter de alterar o modo como actua. Demasiadas vezes, muitos que são promovidos para assumir o primeiro cargo de liderança não entendem o que está em causa. E é provavelmente essa a falha que mais deslizes provoca nas carreiras.

A verdade é que ser-se líder muda tudo.

Antes de ser um líder, o sucesso tem a ver com o seu crescimento pessoal, com a *sua* realização, com o *seu* desempenho, com as *suas* contribuições individuais. Tem a ver com colocar o *seu* dedo no ar e ser *você* o solicitado e ser *você* a dar a resposta certa.

Quando se é líder, o sucesso resulta do crescimento de outros. Tem a ver com tornar quem trabalha consigo mais inteligente, maduro e audacioso. Nada do que faça como indivíduo vai ser importante, excepto o modo como apoia e cuida da sua equipa e ajuda os seus membros a aumentar a sua autoconfiança. Sim, terá a sua quota-parte de atenção a partir do topo — mas apenas se a sua equipa vencer. Dizendo as coisas de outra forma, o seu sucesso enquanto líder não irá resultar do que fizer todos os dias, mas do reflexo do êxito do desempenho da sua equipa.

E isso é uma grande transição — e é, sem dúvida, difícil. Ser líder exige uma mentalidade nova em que *não* está constantemente a pensar "Como me posso destacar?", mas *sim* em "Como posso ajudar os meus colaboradores a fazerem melhor o seu trabalho?".

Por vezes, esta mentalidade exige o contradizer de uma forma de agir que durava há algumas décadas! Afinal de contas, passou provavelmente toda a sua vida — começando na escola primária e continuando até ao seu último emprego — como um contribuidor individual, notabilizando-se em "pôr o dedo no ar". Mas a boa notícia é que, provavelmente, foi promovido porque um superior na organização acredita que tem o que é preciso para dar o salto de jogador estrela para *coach* de sucesso.

Mas o que é que esse salto implica realmente? Primeiro que tudo, ser um activo mentor dos seus colaboradores. Dê-lhes um *feedback* em todas as oportunidades que tiver — não apenas em análises de desempenho anuais ou semestrais. Fale com os seus colaboradores sobre o seu desempenho após reuniões, apresentações ou visitas a clientes. Transforme cada evento importante num momento de formação, debatendo com eles os aspectos de que gosta no trabalho que eles estão a fazer e como podem melhorar. E não há necessidade de adoçar as vossas conversas! Seja totalmente franco, curiosamente uma das características distintivas dos líderes eficazes.

Pôr-se na pele dos seus colaboradores é uma outra forma de contribuir para o crescimento de outros. Transmita energia positiva em relação à vida e ao trabalho que estão a fazer em conjunto, revele optimismo em relação ao futuro e preocupe-se. Interesse-se apaixonadamente pelo desempenho e o progresso de cada um. A sua energia estimulará os que o rodeiam.

E durante todo este processo, nunca se esqueça — agora é um líder. Já não se trata de você, mas sim deles.

■ ■ ■

11

OS DUROS CHEGAM EM PRIMEIRO

É verdade que os chefes duros conseguem mais dos seus colaboradores? É claro que conseguem resultados a curto prazo — mas será que ajudam uma empresa a vencer no longo prazo?

MILÃO, ITÁLIA

Sim e sim. Mas que pergunta armadilhada!

Armadilhada porque o modo como define *dureza* é bastante importante para a resposta. E também porque a dureza do seu chefe parece estar dependente do seu próprio desempenho.

Veja, *dureza* é uma palavra com múltiplas camadas que está aberta a discussão. Mas não pode haver grande discussão sobre o facto de que quem tem um desempenho melhor e melhores resultados tem tendência para se preocupar e queixar muito menos dos chefes "duros" do que quem batalha para cumprir expectativas. Até isto pode parecer duro, mas é a verdade.

Primeiro, vamos então falar do significado da palavra *dureza*.

Sem dúvida, existem chefes duros que não são mais do que idiotas mandões e cegos pelo poder, e não é fácil trabalhar com eles. Pressionam com frieza os seus colaboradores, colhem os louros quando as coisas correm bem, apontam o dedo quando correm mal e, geralmente, são muito sovinas em relação a elogios e recompensas. Também conseguem ser temperamentais, facciosos, manipuladores, dissimulados ou simplesmente maldosos, ou tudo isto junto. Mas, como diz, por vezes estes chefes duros conquistam bons resultados. Mas raramente durante muito tempo. Em qualquer boa empresa, são demitidos ou autodestroem-se, o que acontecer primeiro.

Mas os chefes posicionam-se ao longo de uma escala e os tipos de chefe duros e destrutivos, que acabámos de descrever, estão num extremo afastado. Na outra ponta — sendo igualmente prejudicial para a empresa — está o tipo "Estão todos felizes?". Sim, pode ser agradável trabalhar para eles — ser pago nunca foi tão fácil! — mas a sua falta de determinação traduz-se geralmente em resultados medíocres. Porquê? Existem, pelo menos, três pecados básicos: estes chefes "simpáticos" tratam toda a gente com a mesma cobardia dócil e terna; justificam os insucessos sem medir as consequências; e mudam de direcção de acordo com as necessidades e os desejos da última pessoa que esteve no seu escritório. Resumindo, não são capazes de arriscar!

Algures entre os dois extremos — e provavelmente muito mais perto do lado duro do que do lado suave — estão os chefes que definem o conceito de dureza de um modo correcto e, por isso, conseguem desempenhos fortes e duradouros dos seus colaboradores. Não é exagerado dizer que este tipo de chefe é, na realidade, o herói dos negócios e não o vilão. Podem não fazer com que todos se sintam extremamente feliz, mas os seus bons resultados criam uma segurança no emprego para os colaboradores com bom desempenho, valor para os accionistas e um ambiente de trabalho saudável e justo, onde as pessoas e a empresa prosperam. Que mais se poderia desejar?

Para este tipo de chefe, dureza significa *mentalidade dura*. Eles estabelecem objectivos claros e desafiantes. Associam esses objectivos a expectativas de desempenho específicas. Fazem, com frequência, análises de desempenho rigorosas; recompensam os resultados em conformidade, sendo os maiores elogios e os bónus mais elevados destinados a quem contribui de forma mais eficaz e, proporcionalmente, estabelecem as compensações descendo na escala, acabando com nada para os desistentes. Eles são inflexivelmente francos, relembrando a toda a gente qual o seu lugar e informando-os de como vai o negócio.

Todos os dias, os chefes *bons* e duros pedem mais das pessoas. Exigem muito e esperam obter o que pediram.

Isso torna mais difícil trabalhar para eles? Claro que sim! Mas é aqui que o desempenho individual entra em acção. Se estiver à altura do desafio, trabalhar para um chefe duro pode transmitir-lhe uma energia incrível, visto que irá ter sucesso de um modo que nunca pensou que conseguisse. Mas se um chefe duro aumentar os níveis de exigência até um ponto para além das suas capacidades, então, com certeza, vai odiar a experiência. E graças à natureza humana, é provável que não se culpe a si próprio — culpará o chefe "duro".

Um exemplo perfeito desta dinâmica em funcionamento é Bob Nardelli, CEO da The Home Depot e um *bom* chefe duro — exigente, sem dúvida, mas justo, transparente e concentrado nos resultados.

Num artigo recente da *Business Week* que elogiava a inversão brusca e positiva em termos de desempenho conseguida após cinco anos de Bob à frente da Home Depot, o habitual "outro lado da história" apareceu sob a forma de queixas de antigos executivos da empresa, que afirmavam que Bob tinha criado na empresa uma "cultura de medo" opressiva. Refira-se que esses executivos — nenhum dos quais concordou ser identificado — já não trabalham na empresa. Temos de pensar nas razões que os levaram a sair.

Terá sido porque Bob era demasiado "duro"?

Ou terá sido porque a sua mentalidade dura criava padrões de desempenho que não conseguiram cumprir?

Nós apostamos na segunda. A questão é que existem bons e maus chefes duros, e quem é o quê depende muitas vezes dos olhos de quem opina.

Mais uma vez, é claro que não estamos a falar dos casos flagrantes de chefes idiotas que repreendem, rebaixam e abusam dos seus colaboradores. Todos os odeiam e merecem essa repugnância universal.

Estamos a falar de chefes que estão a meio caminho — chefes que são duros mas justos, que exigem bastante mas recompensam em igual medida, e que lhe dizem o que têm a dizer de uma forma directa.

Aqueles que têm fracos desempenhos desejam que estes chefes desapareçam.

Quem quer vencer, procura-os.

12

O DERRADEIRO TESTE DE VALORES

Nos últimos dois anos geri o Charles, que cumpre consistentemente o que lhe pedem. Ele também aliena toda a gente ao arranjar favoritos, ao ser arrogante e dissimulado. Uma parte de mim quer despedi-lo. A outra parte não consegue imaginar viver sem ele. Que conselho me dão?

GREAT NECK, NOVA IORQUE

Confronte-o e depois despeça-o se ele se recusar a mudar. Porque se alguma vez você abriu a boca no trabalho e enalteceu valores como a justiça, a transparência e a partilha de informação, tem de fazê-lo. Caso contrário, se deixar o Charles ficar estará a transmitir aos seus colaboradores de que tudo o que diz é disparatado.

Se espera certos comportamentos por parte dos seus colaboradores e se os defende como parte de uma abordagem vencedora aos negócios e à vida, então tem de recompensar quem os revela.

LIDERANÇA

Igualmente importante, tem de se livrar de quem não o faz.

E este é o ponto essencial: não se livre dos "desrespeitadores de valores" furtivamente com desculpas como "o Charles saiu por razões pessoais, para passar mais tempo com a família." Tem de se afirmar e anunciar publicamente que o Charles foi convidado a sair porque não aderiu a determinados valores da empresa.

Pode ter a certeza de que o substituto do Charles agirá de modo diferente, já para não falar dos outros que duvidavam do seu compromisso para com os valores.

Mas todas as empresas querem pessoas que têm bons resultados, como o Charles. O seu objectivo é certificar-se de que os seus colaboradores conseguem fazer isso e que, ao mesmo tempo, têm uma boa atitude. Ninguém deve ter sucesso à custa dos outros. Isso só provoca um ambiente de ressentimento e medo. É claro que consegue ter sucesso com esse tipo de cultura — mas não durante muito tempo.

Por isso, tenha coragem e livre-se do Charles. Poderá ser doloroso, mas rapidamente se irá surpreender com o maior esforço — e melhor desempenho — que irá obter do resto da sua equipa, como resultado da sua decisão de "defender aquilo em que acredita."

■　■　■

13

QUANDO CORTAR O CORDÃO

Enquanto *start-up* temos muitos problemas típicos de início de actividade, como *cash flow*, mas o nosso verdadeiro problema neste momento é o Mark, um dos directores-gerais, que acabou de arruinar um grande projecto e parece não entender os prejuízos que causou. O meu instinto diz-me que o Mark deve ser despedido, mas a sua ausência, pelo menos no início, irá afectar-nos. O Mark é um especialista técnico que está connosco desde o início. Porém, o seu mau estilo de gestão e agenda dupla atingiram um ponto insustentável. O Mark acredita que a década que passou ao serviço da empresa e a sua "lealdade" o protegem. Eu concordo até certo ponto, mas acredito que o desempenho é mais importante. O que devemos fazer?

JOANESBURGO, ÁFRICA DO SUL

As empresas pequenas ficam numa situação injusta quando se trata de despedir alguém. As grandes empresas podem adiar o processo durante muito tempo;

existem outros colaboradores para encobrir os seus erros. E quando alguém com um desempenho fraco *é* finalmente convidado a sair da grande empresa, ele ou ela pode geralmente sair por uma porta lateral sem deixar nenhum trauma ao indivíduo, organização ou trabalho.

Em empresas pequenas, pelo contrário, os erros dos profissionais com mau desempenho atingem normalmente de forma forte e rápida o limite do aceitável.

E, de igual modo, quando chega a altura de os despedir, há algo que torna a situação bastante pessoal. Um despedimento pode parecer uma morte na família. Já para não falar no impacto que terá no trabalho. Mesmo se o colaborador despedido era mais mau do que bom, o seu afastamento pode afectar significativamente as operações, sem falar nas relações com os clientes.

Mas, como consegue perceber, o Mark tem de sair.

Existem apenas quatro tipos de gestor no mundo, classificados pelo seu nível de desempenho — isto é, de conquista de resultados — e pelo modo como demonstram valores importantes como franqueza e resposta aos clientes. Quando os gestores têm grandes resultados e aceitam os bons valores, é fácil. Devem ser elogiados e recompensados em todas as oportunidades. Gestores com maus resultados mas bons valores merecem outra oportunidade, talvez noutro cargo dentro da organização. O terceiro tipo de gestor, com bons resultados e maus valores, é o tipo que geralmente destrói organizações. Ele cumpre o trabalho mas, regra geral, à custa de outros. Frequentemente, as empresas mantêm estes idiotas durante demasiado tempo, destruindo a moral e a confiança. Mas este nem é o seu problema.

Com o Mark, tem o tipo de gestor com o qual é mais fácil lidar. Ele tem um fraco desempenho e valores fracos. Referiu, por exemplo, a sua "agenda dupla". Ele não só estragou um projecto importante, como também tirou proveitos próprios enquanto fez jogos duplos. É "leal", diz ele. Não parece que seja assim.

O jogo acabou. Pode sentir falta dos conhecimentos técnicos do Mark até encontrar um substituto, mas, quando finalmente tiver coragem de cortar o "cordão", vai pensar por que é que não o fez mais cedo.

■　■　■

14

A CORAGEM PARA SE TORNAR
NUM AGENTE DE MUDANÇA

Sou novo no mundo da gestão e há oito meses tornei-me chefe de um departamento de aprendizagem e desenvolvimento que inclui sete pessoas, todas mais velhas do que eu e com mais anos ao serviço da empresa, uma multinacional que opera em recursos naturais. Estou impressionado com a fraca ética de trabalho dos meus colegas. Pedem com frequência folgas por razões pessoais e, em geral, têm uma produtividade baixa. Como hei-de dizer não a pedidos pessoais repetitivos de folgas se a própria empresa admite horários flexíveis?

CIDADE DO CABO, ÁFRICA DO SUL

Temos uma pergunta para si. Quanta coragem é que *você* tem, porque vai precisar dela na difícil campanha de mudança que está à sua espera. Difícil, porque precisa de virar o seu departamento de pernas para o ar para que as coisas funcionem como deve ser e, mesmo quando isso estiver feito, alguns poderão ter de sair.

Não o diz, mas supomos que no seu departamento faltam três componentes organizacionais cruciais: uma missão inspiradora, um conjunto claro de valores e um sistema de avaliação rigoroso. Uma missão esclarecerá o objectivo principal do seu departamento e dará aos seus colaboradores um sentimento de entusiasmo e de urgência. Um conjunto de valores descreverá o modo como as pessoas terão de *agir* para cumprir a missão (outra palavra para *valores* é simplesmente *comportamentos*). Por exemplo, num departamento de aprendizagem e desenvolvimento como o seu, os valores podiam incluir "Relacione todos os trabalhos das aulas com as condições variáveis do mercado," ou "Espalhe melhores práticas por todos os cantos da empresa". Não importa quais — estes são apenas exemplos do tipo de especificidade que faz os valores ganhar vida. Por fim, um sistema rigoroso de avaliação (realizado pelo menos duas vezes por ano, para começar) informará os seus colaboradores de como eles estão a cumprir o serviço e a demonstrar os valores. O sistema de avaliação deverá diferenciar, caso contrário será insignificante. Por outras palavras, deve resultar em elogios, aumentos e promoções para quem aceitar a nova missão e os novos valores, e o contrário para os que não aceitarem.

A campanha de mudança que acabámos de descrever é enorme e confusa, levará o seu tempo e exigirá nervos de aço, mesmo num departamento pequeno como o seu. Mas quando a missão, o conjunto de valores e o sistema de avaliação forem estabelecidos e comunicados de forma inflexível por si, todos ficarão a saber o que é preciso para ter sucesso. Isso deverá diminuir os pedidos frequentes de folgas. Como? Tornando claro que as folgas não têm mal — desde que tenham sido *ganhas* com um bom desempenho e com os valores certos. Mais tarde deverá ver uma melhoria geral na ética de trabalho e uma maior produtividade. De certeza que haverá pessoas que não conseguem mudar os seus comportamentos, mesmo com o seu encorajamento e orientação. Não espere muito tempo; faça-as perceber que precisam de mudar para uma organização onde os seus valores se enquadram melhor. Eles não pertencem à sua.

Percebemos que faz parte de uma empresa maior, com a sua própria cultura e práticas. De facto, é o que frequentemente ouvimos de quem está numa situação como a sua — "Não posso mudar a situação porque não é assim que as coisas se fazem por aqui," dizem, ou "Os chefes não me apoiam".

Concordamos — mas não totalmente. Sim, você pode ser "de fora", mas pela nossa experiência, é raro que numa organização, *especialmente* os chefes, rejeitem uma iniciativa de mudança que irá melhorar o desempenho e a produtividade. Muito poucos têm vontade de abater um membro da equipa que consegue bons resultados. Podem ter inveja, mas não são estúpidos.

Mas mesmo que esteja a trabalhar numa empresa onde o seu plano pode estar "fora da caixa", não desista. Aja mais sensatamente. Certifique-se de que as razões para a sua iniciativa de mudança são claras para todos. Mantenha os seus chefes, e ainda mais a sua equipa, informados sobre os seus planos. E, finalmente, não perca a esperança durante todo o processo. Alguns resistirão à mudança. Mas assim que os resultados começarem a acontecer, a sua abordagem mostrará os seus próprios argumentos, em alto e bom som.

■ ■ ■

15

LUTAR CONTRA OS RESISTENTES

Há oito meses que dirijo uma empresa com grandes perspectivas de crescimento, mas agora deparo-me com um verdadeiro obstáculo ao progresso. Alguns membros da minha equipa, dez anos mais velhos do que eu e com quinze anos de antiguidade, não querem mudar. Aliás, demorou quatro meses para que alguns deles aceitassem que existem formas diferentes de fazer as coisas. O que devo fazer?

CIDADE DO MÉXICO, MÉXICO

Primeiro que tudo, pode abrandar um pouco. Quatro meses não chegam para convencer a maioria a mudar a rotina matinal, quanto mais a mudar o modo como os seus colegas fazem um trabalho em que acreditam ser já muito bons.

Mas isso não significa que desista de incentivar a mudança. Na realidade, à medida que reajusta o seu *timing*, certifique-se de que tem uma visão do futuro "uau" para vender à sua equipa. Com "uau", queremos dizer uma visão que é inspiradora de um ponto de vista empresarial, mas, igualmente importante, uma visão que aborda a questão que está na mente de todos durante qualquer programa de mudança: "Hei, o que é que eu ganho com isso?" A resposta pode ser maior segurança no emprego, ou mais dinheiro, ou melhores oportunidades de promoção — ou todas elas. Certifique-se de que sempre que referir a necessidade de mudanças estratégicas na empresa inclui uma mensagem subtil (ou não muito subtil) acerca das consequências pessoais positivas. Mesmo que as pessoas sejam mais velhas e com mais antiguidade, escutarão a mensagem.

E depois, assim que começarem a surgir as primeiras vitórias do programa de mudança, talvez sob a forma de margens de lucro mais elevadas ou de mais clientes, cumpra as suas promessas. Isto é, aumente os salários, dê bónus extra ou promova as pessoas mais rapidamente. Nada derrota mais depressa a resistência à mudança do que o sucesso, especialmente se esse sucesso melhorar a vida e a carreira dos membros da equipa que o tornaram possível.

Contudo, existem muitos que são incapazes de digerir a mudança. Nunca será capaz de lhes vender a sua visão, de convencê-los de que têm algo a ganhar, ou recompensá-los o suficiente quando isso acontece. Felizmente, esses resistentes obstinados são muito poucos. Pensamos que cerca de dez por cento dos colaboradores nasceram para ser "agentes da mudança," abraçando a novidade com energia e optimismo. Outros 75 por cento podem não liderar a investida, mas uma vez convencidos de que a mudança é necessária, dizem: "Ok, já chega, vamos para a frente com isto". Os restantes são resistentes que estão tão agarrados aos modos antigos, quer emocional e intelectualmente, quer por interesse, que lutarão contra a mudança até ao fim.

Geralmente estes casos têm de sair. E quando saem, tem a grande responsabilidade de não os deixar sair silenciosamente "por razões pessoais." Essa falsa desculpa não traz qualquer benefício à empresa. Quando os resistentes incondicionais saem, tem de informar todos que eles tiveram de sair porque não acreditaram na nova visão. Sim, deseje-lhes tudo de bom e ajude-os até a encontrar outro emprego onde a abordagem deles se enquadre bem. Mas não faça de conta que quem não aceita o futuro pode ficar no grupo. Não pode.

A maioria dos programas de mudança leva cerca de um ano a fazer efeito — isto é, até as pessoas começarem a sentir algum impacto e saberem que a mudança é verdadeira. Se tiver argumentos convincentes e muita energia positiva, grande parte da sua equipa estará a seu lado, até alguns dos "velhos e sábios" que hojem parecem tão resistentes.

■ ■ ■

16

CONSTRUIR CONFIANÇA DE CIMA
PARA BAIXO

Existe alguma resposta breve que explique como construir confiança no local de trabalho?

JOANESBURGO, ÁFRICA DO SUL

Sim, muito breve: Diga o que pensa e faça o que diz!

A confiança dissipa-se e morre de duas formas. Primeiro, quando as pessoas não são sinceras umas com as outras. Suavizam mensagens ríspidas, usam gíria e tolices para tornar os assuntos deliberadamente mais obscuros e, para serem menos responsabilizáveis. A única maneira de introduzir a franqueza numa organização é os chefes identificarem-na como um dos valores principais, demonstrarem-na consistentemente e recompensarem quem seguir os seus passos.

O segundo destruidor de confiança é quando dizem uma coisa e fazem outra. Mais uma vez, os chefes são os principais culpados. Dizem para se correr riscos mas censuram quando as coisas falham. Aprovam orçamentos "esticados" e convidam os seus colaboradores a sonhar alto, mas punem-nos se os números não forem satisfatórios, mesmo no final de um bom ano. Apregoam um compromisso com o serviço ao cliente, mas deixam a fábrica enviar produtos não totalmente perfeitos para conseguir a quota mensal de vendas. Ou talvez, pior ainda, abraçam os valores da empresa, mas mantêm e recompensam quem não os segue *simplesmente porque contribuem para os números finais*. A ideia que transmite à organização é: nada do que digo tem significado. Ou dizendo de outro modo: não confiem em mim.

A confiança, no fundo, não é muito complicada. Ganha-se através de palavras e acções — e integridade em ambas.

17

A PERIGOSA ARMADILHA DAS PROMOÇÕES

Durante quatro anos geri uma única loja numa grande cadeia nacional de vendas a retalho, mas recentemente fui promovido para gerir várias lojas em dois Estados. Estou a aperceber-me, porém, de que é difícil esquecer velhos hábitos — especificamente, ainda me preocupo mais com o desempenho de uma loja (a minha antiga!) do que com o que se passa em todas as minhas lojas. Têm algum conselho?

HUNTINGTON STATION, NOVA IORQUE

Compreendeu tudo — e parabéns por isso! A maioria das pessoas na sua situação não tem autoconfiança suficiente para compreender que caiu numa das armadilhas mais comuns quando se é promovido, isto é, aceitar com entusiasmo um emprego novo, mantendo "um pé" no antigo.

A realidade é que, com a sua promoção, duas pessoas arranjaram empregos novos: você e a pessoa que o substituiu. Como líder, a sua função é libertar as ideias inovadoras que *ambos* têm. Não consegue fazer isso — nem o seu substituto — se continuar a gastar a sua energia "voltando para casa" a toda a hora.

Em vez disso, gaste a sua energia tentando conhecer o seu alargado novo mundo — e elevando a fasquia por todo esse mundo.

Como?

Comece por encarar todas as suas lojas como laboratórios. Sim, todas fazem mais ou menos o mesmo, mas certamente algumas têm métodos e procedimentos únicos que são mais eficazes. O seu trabalho é encontrar essas melhores práticas e defendê-las como se fossem a melhor coisa desde o oxigénio e o hidrogénio. No seu novo papel, vai querer ter toda a gente nas suas lojas a falar das melhores ideias de cada um, adoptando-as e aperfeiçoando-as. Isso será muito mais importante do que estar a olhar por cima do ombro de alguém.

A transparência é outra ferramenta óptima que pode usar para elevar a fasquia. Já sabe qual o sistema de medidas de avaliação que motivam o desempenho no seu negócio — rotação de inventário, vendas por metro quadrado ou alguma medida-chave para a satisfação do cliente. Se estas avaliações ainda não estiverem disseminadas numa base regular, corrija isso de imediato. Certifique-se de que cada loja conhece as classificações comparativas, num *ranking* da melhor para a pior. Tal transparência faz maravilhas. É uma forma muito motivadora de reconhecimento público para as lojas com o melhor desempenho, mas também indica às lojas de desempenho mais fraco exactamente onde podem ir à procura de abordagens ao trabalho mais eficazes. Por outras palavras, apoia e acelera a aprendizagem e o aperfeiçoamento contínuo.

Uma última forma de elevar a fasquia e de evitar a armadilha do "pé no antigo emprego" é agir rapidamente e fazer avaliações regulares e rigorosas do desempenho dos *todos* os seus gestores. As suas avaliações qualitativas resultarão da forma como as pessoas demonstram os valores desejados (isto é, os comportamentos) que lhes expôs — tais como transferir e adoptar ideias novas e positivas — e a sua avaliação quantitativa será baseada no transparente sistema de medidas de avaliação que accionou. Juntas, as avaliações dão-lhe uma verdadeira oportunidade de recompensar e enaltecer os seus melhores colaboradores, apoiar e orientar o seu grupo intermédio e eliminar aqueles com um desempenho fraco. O resultado: padrões de desempenho mais elevados para todos.

O seu novo emprego é maior do que o anterior, mas acima de tudo, é diferente. Agora tem muitas coisas para fazer, mas o que fazia não está incluído. Deixe isso para quem está no seu cargo, que pode estar ocupado a reinventar a "situação perfeita" que lá deixou.

■　■　■

18

MANTER OS SEUS COLABORADORES
MOTIVADOS

Na nossa empresa, o maior desafio que temos é motivar os nossos colaboradores. Qual é a melhor maneira de o fazer?

GABORONE, BOTSUANA

Quer dizer, além de com dinheiro? Supomos que sim, porque enquanto chefe com certeza já viu como o dinheiro é eficaz para acender "o fogo" motivacional — mesmo com os seus colaboradores que dizem que o dinheiro não é verdadeiramente importante! De facto, o poder que o dinheiro tem de transmitir energia às pessoas é tão visto e usado que não insistiremos no assunto. Nem vamos falar sobre duas outras formas de motivação comprovadas: conteúdo de trabalho interessante e colegas de trabalho agradáveis. Já sabe como estas condições são eficazes na tentativa de conseguir que os seus colaboradores se dediquem de alma e coração ao trabalho. Tal como o dinheiro, são fontes motivacionais informais.

Mas se apenas fossem necessárias três fontes motivacionais informais, não seria, como confirma, o enorme desafio que na realidade é.

Então, que mais se pode fazer? Felizmente, existem outras quatro ferramentas de motivação que pode libertar, todas não monetárias e bastante eficazes.

A primeira é fácil: reconhecimento. Quando uma pessoa ou uma equipa faz algo notável, faça um alarido. Anuncie o feito publicamente, fale sobre ele sempre que tiver oportunidade. Distribua prémios.

Quando fazemos esta sugestão a grupos empresariais, quase inevitavelmente alguém se mostra preocupado com quem *não* é alvo de reconhecimento. Podem ficar magoados, dizem, ou desmotivados com tal aparato. Isto é um disparate; é fazer as vontades ao público errado! Se tiver as pessoas certas na sua empresa — isto é, jogadores de equipa competitivos e optimistas — o reconhecimento público apenas eleva a fasquia para todos.

Uma última nota sobre o reconhecimento, especialmente quando aparece sob a forma de uma placa com uma inscrição. Este tipo de objectos são todos óptimos, mas lembre-se que nunca podem ser dados em substituição de dinheiro. São uma adenda. As placas ganham pó; os cheques podem ser depositados.

LIDERANÇA

A segunda ferramenta devia ser fácil, mas parece que não é: comemoração. Dizemos isto porque, onde quer que vamos, perguntamos ao público se acha que as suas empresas comemoram suficientemente o sucesso e, geralmente, não mais do que dez por cento diz que sim. Que oportunidade perdida! Comemorar as vitórias é uma forma extremamente eficaz de manter as pessoas comprometidas em todo o percurso. E não estamos a falar de comemorar apenas as grandes vitórias — estamos a falar de assinalar acontecimentos importantes tais como uma grande encomenda ou um novo modo de fazer as coisas que aumenta a produtividade ou a satisfação do cliente. Seja o que for — todos estes pequenos sucessos são oportunidades de felicitar a equipa e fortalecer os seus espíritos para o desafio que se segue.

As comemorações não precisam de ser elaboradas ou dispendiosas; afinal, é apenas outra forma de reconhecimento, mas com mais diversão.

Pode ser fazer um churrasco surpresa num determinado dia. Pode ser bilhetes para um jogo ou para o cinema. Pode ser enviar alguns dos colaboradores com melhor desempenho e respectivas famílias para a Disney World, ou ao jardim zoológico de San Diego, ou ao desfile do Rose Bowl, ou o que os fizer felizes.

O que nos leva ao que a comemoração não é. Não é ir jantar fora consigo. Quase mais nada enche os corações dos colaboradores de terror do que um chefe dizer: "Bom trabalho! Hoje vou levar toda a gente a jantar ao Mamma Maria!". Os seus colaboradores passam o dia todo consigo e podem gostar muito de si; mas não é motivante ser recompensado com uma marcha forçada para um acontecimento social fora do horário de trabalho, mesmo que a comida seja boa.

A próxima ferramenta motivacional é verdadeiramente poderosa, mas só pode ser usada se tiver a certeza absoluta da sua missão. Pode estar a pensar: "Os chefes não são todos transparentes em relação às suas missões?" Mas muitas vezes não são. Aliás, no decurso das nossas viagens ao longo dos últimos anos, descobrimos que muitos líderes estão tão ocupados com o seu trabalho diário que as suas missões ficam em segundo plano.

É claro que é inevitável que as crises desviem, ocasionalmente, a atenção da vossa missão, mas para progredir uma equipa tem de entender e de acreditar para onde vai. Precisa de um objectivo comum, um sentimento colectivo de finalidade. E é exactamente isso que uma grande missão lhe dá: um sistema de crenças inspiradoras e arrojadas para conquistar a alma e o coração dos seus colaboradores. Uma missão permite aos chefes dizer: "Ali está a serra. Vamos conquistá-la em conjunto!" — um grito de guerra motivador, se alguma vez existiu algum.

LIDERANÇA

A última ferramenta motivacional a que faremos referência é, provavelmente, a mais difícil de implementar. Sim, para muitos grandes líderes faz parte do seu "jeito" especial, mas para aqueles menos experientes é difícil ter sucesso.

Estamos a falar de criar um ambiente de trabalho com o equilíbrio certo de realização e desafio. As pessoas precisam de um sentimento de sucesso para se entusiasmarem com o trabalho. Mas aborrecem-se se também não forem testadas — isto é, se não estiverem a aprender e a crescer. Por outras palavras, ficam motivadas quando se sentem como se estivessem no cume da montanha *e* como se ainda estivessem a escalá-la.

Muito simplesmente, os chefes que criam empregos com este tipo de estímulo integrado têm uma vantagem competitiva real. Os seus colaboradores estão num nível mais à frente em termos de motivação e isso vê-se no seu desempenho.

Agora, voltemos ao dinheiro.

É claro que há quem não se motive pelas recompensas financeiras, mas raramente seguem carreiras empresariais. É por isso que, quando pensar em motivação, tem de pensar em recompensas financeiras em primeiro lugar.

Mas não se esqueça, nem sempre a questão é quanto dá aos seus colaboradores; por vezes é quanto lhes dá em relação aos seus pares. Recentemente estivemos à conversa com um banqueiro de investimentos que conhecemos e perguntámos-lhe como correu o ano. Ele estava obviamente contente com o bónus que recebeu, mas estava também satisfeito com o facto de ter igualado os dos outros manda-chuvas da empresa. O dinheiro é uma forma de registar resultados e a pergunta "Quem é melhor ou o melhor?" parece fazer com que muitos se esforcem um pouco mais.

Assim, até os banqueiros de investimentos (pelo menos alguns) se preocupam com mais coisas além de dinheiro. Aliás, muito poucos permanecem num emprego onde o dinheiro é a *única* coisa pela qual lutar. Eles querem dinheiro e um certo sentido — o de que são importantes. Precisam de saber que o que fazem oito horas por dia e, por vezes, muito mais, tem algum significado. Felizmente, pode mostrar-lhes isso com reconhecimento, um sentimento de diversão, um objectivo comum emocionante, uma atenção individual ao desafio de cada função.

É muita coisa para um chefe oferecer, mas é gratuito e os resultados que recebe são incalculáveis.

■　■　■

19

COMO SER ELEITO CHEFE

Acabei de ser promovido e agora serei gestor da equipa da qual fiz parte. Têm alguns conselhos para tornar a transição mais fácil?

FOLSOM, CALIFÓRNIA

Sim — comece uma campanha. Os manda-chuvas da empresa acabaram de o nomear para chefe. Parabéns. Agora vem a parte difícil: precisa de sair para a rua e ser eleito pelos seus antigos colegas.

E esta parte não é apenas difícil, é *muito* difícil. Na realidade, a transição de colega para director é uma das situações organizacionais mais delicadas e complicadas que alguma vez viverá. Durante meses ou até anos, esteve nas trincheiras com os seus colegas enquanto amigo, confidente e, provavelmente, camarada resmungão. Ouviu segredos e contou alguns. Sabe de todas as rixas e invejas. Sentou-se em salas de espera de aeroportos e em churrascos de fim-de-semana com os seus colegas mais próximos e classificou todos os outros membros da equipa. Deu opinião acerca de quem sairia e quem ficaria e, em geral, o que faria se chefiasse o grupo.

E é o que faz agora.

Certamente, alguns dos seus antigos colegas estão a festejar a sua promoção e sentem-se ansiosos para seguir as suas pisadas. Isto fá-lo-á sentir-se bem, mas não deixe que o apoio deles o leve a algo desastroso — nomeadamente, sair ao portão "com as medalhas ao peito". Não, mantenha-as bem guardadas.

Porquê? Porque tal como uns o aplaudem, outros não. Não importa que tenha toda a certeza de que seja a pessoa certa para o cargo e que tenha sido popular enquanto membro da equipa, pois alguns dos seus antigos colegas sentem-se incomodados com a sua promoção. Alguns até poderiam querer o cargo para eles e pensar que o mereciam, por isso, estão a sentir algo que vai desde mágoa até rancor. Outros estarão ansiosos devido ao facto de passar de "um de nós" para "um deles" — especialmente devido ao que sabe, sem falar nas suas opiniões (conhecidas ou suspeitadas) acerca de certas pessoas e do modo como as coisas são feitas. De qualquer modo, estes antigos colegas estão agora numa fase de apreciação, estão a observá-lo.

E é aí que você também deve estar — numa fase de apreciação, a observá-*los*. Aliás, a observar tudo.

LIDERANÇA

É por isso que precisa de começar uma campanha, isto é, conquistando-os para o seu lado. Precisa de criar uma atmosfera de estabilidade e de coesão onde possam ser feitos julgamentos sólidos sobre o futuro — por todos.

A última coisa que vai querer na sua nova função é uma revolução ou um êxodo, ou ainda um descontentamento a níveis inferiores. Vai querer que todos estejam calmas e a trabalhar. O motivo é muito simples. Quando e se existirem mudanças em vista, vai querer fazê-las à sua maneira.

Por outras palavras, vai querer fazer mudanças contando com um forte empenho de uma equipa de apoiantes dedicados — e não tendo de enfrentar resistência e queixas de uma equipa confusa e caótica.

E, por falar nisso, não é nada bom para a sua carreira ou para a sua posição política numa organização lançar--se no novo emprego durante um período de agitação. É muito melhor ser conhecido como um guardião da paz que entra em acção apenas quando as tropas estão preparadas para lutar por uma missão em que acreditam.

E, por isso, a campanha tem de começar.

Mas aqui está a dificuldade: tem de fazer isto sem comprometer a sua nova autoridade. É verdade: tem de se candidatar ao cargo enquanto ocupa esse mesmo cargo — e fazer tudo o que o detentor do cargo tem de fazer!

E aqui está o dilema — a parte difícil, tal como dissemos — a necessidade de fazer campanha e chefiar simultaneamente. É disso que se trata a transição de colega para director.

Fazer as coisas bem é uma questão de *timing*.

A sua campanha eleitoral simpática e branda não pode durar para sempre. Aliás, dedique-lhe três meses — no máximo seis. Nessa altura, se ainda não tiver ganho os votos de dois ou três antigos colegas, nunca os irá ganhar. Na verdade, após um certo tempo, quanto mais brando for menos eficaz será, uma vez que luta em batalhas que não fazem nada a não ser cansá-lo. Assim, guarde as suas energias e a sua atenção para coisas mais importantes e comece o processo de retirar os resistentes inflexíveis — e a trazer para a equipa quem aceita de imediato as mudanças que você e o seu novo núcleo de apoiantes vêem como necessárias.

A realidade é que concorrer a um cargo faz parte do processo de ser promovido e todos os gestores eficazes passam por isso — habitualmente, várias vezes durante a carreira. Felizmente, o período de transição não dura para sempre e, se lidar bem com a situação — com uma campanha e não com o caos — estará numa boa posição para fazer o que é melhor para a organização e para si.

Lidere com força.

20

VENCER O JOGO DAS LAMÚRIAS

Dirijo uma empresa com 14 pessoas e cuidamos muito bem da nossa equipa — festas de aniversário, nascimento e casamento, e demonstramos um verdadeiro interesse por cada indivíduo, tanto pessoal como profissionalmente. No entanto, estão sempre a queixar-se. Há muita politiquice e pouco reconhecimento, e por aí em diante. Estou quase a arrancar os cabelos porque nada parece fazê-los felizes.

CIDADE DO CABO, ÁFRICA DO SUL

Pare de tentar. Criou, com as melhores intenções, uma cultura clássica de "direito a", na qual os seus colaboradores vêem as coisas ao contrário. Pensam que *você* trabalha para *eles*.

Este fenómeno não é invulgar, embora tenha tendência para ser mais relevante em organizações pequenas, onde os colaboradores podem criar relações informais e familiares com os seus chefes, e os próprios chefes, muitas vezes, confundem as linhas dos limites profissionais.

No fim de contas, tal confortável familiaridade pode ser um tiro pela culatra, tal como está a acontecer consigo e com os seus colaboradores que têm queixas e lamúrias.

É irrelevante, contudo, como você se meteu nessa situação. Agora só importa que saia dela depressa e a primeira pessoa com quem tem de esclarecer as coisas é consigo próprio. Está a gerir uma empresa, não uma colectividade ou um serviço de aconselhamento. A sua prioridade número um é vencer no mercado de negócios para que possa continuar a crescer e a dar oportunidades aos seus colaboradores. É claro que quer que eles sejam felizes. Mas a felicidade deles tem de vir do sucesso da empresa, não da realização de todas as suas necessidades. Quando a empresa estiver bem graças ao desempenho deles, terão sucesso a nível pessoal e profissional. E não ao contrário.

Veja as coisas assim quando pensar na sua nova doutrina.

A seguir, reúna os seus colaboradores e informe-os sobre a sua experiência de conversão, e também sobre o seu plano de os converter. Juntos, você e a sua equipa, irão necessitar de criar uma lista de comportamentos que terão como resultado o sucesso da empresa. Estes comportamentos serão os novos valores da sua empresa

LIDERANÇA

— linhas de orientação, se preferir, que deve seguir. Por exemplo, um dos valores podia ser: responderemos com sentido de urgência aos pedidos dos clientes. Ou, apenas enviaremos produtos com zero defeitos. O objectivo deste processo é muito simples: ajudar os seus colaboradores a compreender que o trabalho é...bem, tem a ver com *trabalho*.

Sem dúvida irá ouvir gritos de dor ao desmantelar a sua cultura de "direito a". De facto, alguns colaboradores de quem gosta sairão em protesto. Siga em frente e deseje--lhes boa sorte.

Depressa irão descobrir que as coisas não são melhores noutro lado e você descobrirá como a sua empresa funciona melhor quando a preocupação principal não são as lamúrias — mas vencer.

■ ■ ■

21

NOVA FUNÇÃO — ANTIGA EQUIPA?

Acabei de ser contratado para um cargo de liderança numa empresa nova. Estou tentado a levar comigo alguns colegas da minha antiga; trabalhamos bem juntos e eles têm as competências. O que acham?

BANGALORE, ÍNDIA

É uma ideia tentadora mas complicada. Respondendo numa só frase: depende dos casos.

Se gerir uma empresa que exije uma rápida inversão de desempenho num ambiente de mudança e estiver sobrecarregado com uma cultura estabelecida de colaboradores em negação, seria inteligente trazer antigos colegas competentes em quem confiaria numa situação de perigo. Juntos, farão o trabalho mais depressa e mais facilmente e, com a camaradagem que nasceu a partir das experiências que partilharam no passado, também será muito mais divertido.

Mas se foi contratado para liderar uma empresa relativamente boa que necessita principalmente de uma dose de energia, recrutar vários membros da sua antiga equipa pode criar uma grande desordem, sem benefícios. Não há nada mais desmotivante para uma organização em funcionamento do que uma cabala importada que regularmente relembra: "Era assim que fazíamos na nossa antiga empresa." No pior cenário, esta dinâmica cria uma sociedade de duas classes: os *insiders* preferidos do chefe e as velhas glórias alienadas.

Conclusão: estude o terreno. Recrute a sua antiga equipa apenas se precisar de uma mudança rápida e se os resistentes não cederem. Se não estiver numa situação de crise, procure os melhores dentro da equipa que herdou e dê-lhes um sentido de finalidade. Pode sentir falta dos seus antigos colegas, mas de certeza que não sentirá falta dos estragos que causariam.

■ ■ ■

22

QUANTO MAIS INTELIGENTES...

> Estou à procura de conselhos acerca de uma situação com a qual provavelmente tiveram de lidar: um colaborador superior a nós. Não nos podemos despedir a nós próprios, por isso qual é a solução? Limitar o desempenho do colaborador? Ou rezar para que a organização não se aperceba de que o nosso subalterno é melhor do que nós?
>
> ORANGE, CALIFÓRNIA

Ou então isto: comemore.

Veja, a melhor coisa que lhe pode acontecer enquanto chefe — e tem razão, também já nos aconteceu — é recrutar alguém mais inteligente, mais criativo ou de alguma forma mais talentoso do que você. É como ganhar a lotaria. De repente, tem um membro da equipa cujo talento irá, provavelmente, melhorar o desempenho e a reputação de todos.

Incluindo o seu.

LIDERANÇA

Sim, faz parte da natureza humana sentir-se assim —
recear que um colaborador "superior" o possa fazer parecer, quer dizer, inferior, e que possa, talvez, abrandar o
progresso da sua carreira. Mas, na realidade, geralmente
acontece o contrário.

A explicação é que os líderes não são julgados pelos
seus resultados pessoais. Qual seria a lógica de os avaliar como contribuidores individuais? Pelo contrário, a
maioria dos líderes são julgados com base nas pessoas
que recrutaram, orientaram e motivaram, individual e
colectivamente — o que se refletirá nos resultados conse-
guidos. É por isso que, quando recrutamos pessoas com
um elevado desempenho e lhes libertamos a energia, não
ficamos mal na fotografia. Ficamos como a "galinha que
pôs o ovo de ouro".

Por isso, continue a pô-los. É raro uma empresa não
gostar de um chefe que descobre pessoas fantásticas e
que cria um ambiente em que elas se desenvolvem; e não
tem de ser o mais inteligente na sala para fazer isso. De
facto, quando demonstrar, constantemente, essa competência de liderança e ficar conhecido como a pessoa, na
sua empresa, que consegue encontrar e desenvolver os
melhores, vai ver a sua carreira evoluir rapidamente.

Bem, não estamos a dizer que gerir colaboradores
"superiores" na sua equipa é fácil. A sua pergunta, aliás,
faz-nos lembrar uma que recebemos em Chicago há

alguns anos de um elemento do público que disse que dois dos seus sete subalternos directos eram mais inteligentes do que ele e perguntou: "Como poderei avaliá-los?"

"Mas o que é que aconteceu aos outros cinco?" foi a nossa tentativa de resposta descontraída. Mas compreendemos o seu ponto de vista. Como é que se pode avaliar pessoas que sentimos que têm mais talento do que nós?

Não se pode. Isto é, não se pode avaliá-los com base na sua inteligência ou em algum conjunto particular de competências. É claro, faz-se referência ao que eles estão a fazer bem, mas, mais importante ainda, concentra-se nas áreas nas quais podem melhorar. Não é segredo que algumas pessoas muito inteligentes têm dificuldade, por exemplo, em relacionar-se com os colegas ou em estar receptivos às ideias dos outros. De facto, alguns lutam mesmo por se tornarem líderes. E é aí que a sua experiência e autoconfiança entram em acção e que a sua orientação pode realmente ajudar.

Desta forma, gerir colaboradores superiores é o mesmo que gerir colaboradores vulgares. Só tem a ganhar com a comemoração do seu crescimento — e não tem nada a temer.

■ ■ ■

PRINCÍPIOS E PRÁTICAS DE GESTÃO

■ *Sobre Como Gerir Um Negócio para Vencer*

Ser chefe é uma coisa, gerir a sua carreira é outra. Mas os negócios não podem evoluir sem que certos princípios e práticas sejam aplicados.

Certo — mais quais? Essa é a questão geral com que as respostas neste capítulo lutam. Lutam porque certos princípios, como a franqueza e a diferenciação, e certas práticas, tais como estratégia, orçamentação e RH (Recursos Humanos) são, no mínimo, controversos. Vejam a franqueza. Não visitámos um país (incluindo os EUA) onde a nossa audiência não tenha questionado a sua "adequação," sem falar na sua praticabilidade. Mas todos os aspectos da gestão, tal como as páginas que se seguem o irão demonstrar, estão abertos ao debate. E deviam estar; é assim que as empresas melhoram.

23

RECRUTAR OS MELHORES

Pela vossa experiência, quais são os três factores cruciais a pôr em prática para transformar sustentavelmente uma empresa no "empregador favorito"? E qual será um prazo realista para o conseguir?

CHICAGO, ILLINOIS

Questionou três factores — mas precisa do dobro de "estrelas douradas" para ganhar o grande prémio de empregador favorito. E *é* um grande prémio, porque, quando se cria uma empresa onde as pessoas querem mesmo trabalhar, tem-se nas mãos uma das vantagens competitivas mais poderosas neste jogo: a capacidade de recrutar e de colocar em campo a melhor equipa.

Mas antes de lhe dizermos quais as seis formas de chegar a essa situação abençoada, uma resposta à sua pergunta sobre quanto tempo leva este processo até chegar a empregador favorito.

Facilmente a resposta é anos e pode ser décadas ou mais. É assim que as coisas se passam com a reputação empresarial — constrói-se relatório anual após relatório anual, historial de carreira após historial de carreira, crise após crise (porque todas as empresas têm uma ou duas) e recuperação após recuperação. Provavelmente demorou cerca de 30 anos para que a IBM ganhasse a reputação de empresa modelo nos anos 70, menos de uma década para a perder quando a empresa teve um deslize e depois cerca de uma década para a reconstruir até ao estatuto actual.

No mundo de hoje saturado de meios de comunicação existe uma excepção à habitual lentidão na construção de reputação. As empresas podem tornar-se os empregadores favoritos para os seus colaboradores praticamente de um dia para o outro graças ao factor "buzz" que é tão potente como de rápido efeito. Numa empresa baseada em tecnologia, o "buzz" geralmente está ligado a um progresso novo ou a um produto ou serviço que altera o paradigma vigente. A Google, a Ebay e a Apple são exemplos perfeitos. O "buzz" também pode surgir do facto de ter uma marca com *glamour* ou de prestígio como a Chanel ou a Ferrari.

Mas o factor "buzz" é tão raro como instável. A Apple tinha-o com a Mac, perdeu-o quando outros fabricantes de PC a ultrapassaram, mais tarde recuperou-o (e ainda ganhou mais algum) com o iPod. Esta história totalmente comum explica por que é que a maioria das empresas tem de se tornar num empregador favorito pela via antiga, arrancando-o a ferros ao longo do tempo.

Segue-se uma lista de verificação para avaliar o progresso da sua empresa.

Primeiro, os empregadores favoritos demonstram um verdadeiro empenho na aprendizagem contínua. Nada de adulações. Estas empresas investem no desenvolvimento dos seus colaboradores através de aulas, programas de formação e experiências fora da empresa, todos enviando a mensagem de que a organização está ansiosa por facilitar um percurso seguro para o desenvolvimento pessoal.

Segundo, os empregadores favoritos são meritocracias. Os salários e as promoções estão muito relacionados com o desempenho e os sistemas de avaliação rigorosos informam, constantemente, em que situação os colaboradores se encontram. Tal como em qualquer empresa, quem você conhece e a escola que frequentou podem ajudá-lo a entrar numa meritocracia. Mas, no fim de contas, o que importa são os resultados. Mas por que é que tudo isto torna uma empresa na "favorita para se trabalhar"? Muito simplesmente porque estes ambientes atraem sempre quem é mais inteligente, tem autoconfiança e espírito competitivo.

PRINCÍPIOS E PRÁTICAS DE GESTÃO

Terceiro, os empregadores favoritos não só permitem que as pessoas corram riscos, como também comemoram aqueles que o fazem e não martirizam os outros que não têm sucesso ao tentar. Tal como nas meritocracias, uma cultura que encoraja correr riscos atrai exactamente o género de indivíduos criativos e ousados que as empresas querem e de que necessitam num mercado global onde a inovação é a melhor defesa contra a inflexível concorrência de preços.

A seguir, os empregadores favoritos compreendem que o que é bom para a sociedade também é bom para os negócios. Sexo, raça e nacionalidade nunca são limitações; são importantes as ideias de todos. Os empregadores favoritos têm uma perspectiva variada e global e têm práticas sensíveis ao ambiente. Oferecem flexibilidade de horários de trabalho àqueles que o ganham através do seu desempenho. Como resultado, os empregadores favoritos são esclarecidos.

Quinto, os empregadores favoritos mantêm rigorosos os seus padrões de recrutamento. Fazem os candidatos trabalhar arduamente, exigem um processo de entrevista penoso e critérios rígidos ao nível da inteligência e da experiência anterior. Este factor é quase como um círculo vicioso, visto que é difícil poder ser exigente *antes* de ser um empregador favorito! Mas vale a pena o esforço, já que o talento tem uma forma estranha de atrair, bem, talento.

Sexto e último, os empregadores favoritos são rentáveis e estão em crescimento. Um aumento do preço das acções é, verdadeiramente, um íman de recrutamento. Para além disso, apenas as empresas de sucesso podem oferecer-lhe um futuro, com ascensão de carreira e o potencial aumento de recompensas financeiras. De facto, uma das coisas mais estimulantes que uma empresa pode dizer a um potencial colaborador é: "Junte-se a nós para a viagem da sua vida."

Tal como defendemos no início, a melhor parte de ser um empregador favorito é a sua capacidade para atrair os bons candidatos — e isso despoleta um ciclo virtuoso. A melhor equipa atrai a melhor equipa e vencer geralmente leva a mais vitórias.

É uma viagem que você e os seus colaboradores nunca vão querer que chegue ao fim.

24

A LUTA CONTRA A FALSIDADE

Embora a minha empresa esteja inserida numa actividade muito competitiva e tenhamos de agir rápida e decididamente, notei que as pessoas raramente dizem aos outros o que pensam — particularmente em reuniões. Existe uma falsidade geral e muitos rodeios. Sou apenas um gestor intermédio. O que posso fazer?

PHOENIX, ARIZONA

O que descreveu é um dos problemas mais comuns e destrutivos no mundo dos negócios e na sociedade — a falta de franqueza. Para onde quer que viajemos, ouvimos falar de organizações que se atrasam e que são obstruídas pela tendência humana de suavizar mensagens fortes e urgentes com falsa gentileza ou optimismo fingido. Esta tendência é particularmente predominante no que diz respeito à comunicação de um desempenho fraco. Muitas vezes, os chefes não falam directamente com quem tem um mau desempenho sobre o fraco nível em que se encontra até que, como resultado da frustração, o despede. Isso é extremamente injusto para quem é despedido e, muitas vezes, bastante prejudicial para o próprio negócio.

A falta de franqueza não se entranha apenas nas avaliações de desempenho. Prejudica muitas conversas, acerca de como, quando e onde gastar os escassos recursos da empresa. Sim, estas conversas podem ser sensíveis, de conteúdo tendencioso ou complexas, ou tudo isto reunido. Mas serão simplesmente melhores se forem francas.

Então, o que pode fazer? A única opção que conhecemos é ter a coragem de começar a usar a franqueza, mesmo que tenha um poder limitado dentro da organização. Quando os outros utilizarem uma linguagem evasiva, rebata-as com perguntas que evitam os disparates e procuram a verdade. Pergunte "O que está realmente a querer dizer?" ou diga "O que oiço você dizer é…" e transmita você a mensagem directa para confirmação.

Introduzir a franqueza numa organização não está, é claro, livre de riscos. Na realidade, pode ser um choque para o sistema e ser o primeiro a usá-la pode matá-lo, isto é, marginalizá-lo ou expulsá-lo. Mas se, de qualquer modo, decidir ser franco, comece devagar e use o humor quando possível. No melhor cenário, a sua franqueza será, mais tarde, recompensada com franqueza — e, por vezes, a mudança é mais rápida do que esperava. À medida que se vai vivendo com a franqueza, muitos não conseguem compreender como conseguiram algum dia fazer negócios sem ela.

■ ■ ■

25

OS LIMITES DA FRANQUEZA — OU NÃO

Terminei recentemente um MBA e acabei de assumir um cargo. Acredito no uso da franqueza, mas tenho medo de fazê-lo, uma vez que a maioria dos meus colaboradores directos tem o dobro da minha idade.

HUNTSVILLE, ALABAMA

Pode sentir-se desconfortável ao usar a franqueza com quem parece ser seu pai, mas pode ter a certeza que os "velhos" detestam tanto o uso de gíria, a ambiguidade e a linguagem evasiva como você. Aliás, tendo sofrido com tudo isto durante décadas, é de esperar que aplaudam o seu esforço para ser directo, especialmente depois de o choque desaparecer.

Choque — porque, sem dúvida, haverá um período duro de adaptação quando começar a falar directa e honestamente sobre o desempenho e resultados. A maioria, independentemente da idade — não está habituada.

PRINCÍPIOS E PRÁTICAS DE GESTÃO

Use-a de qualquer forma. No final, a franqueza funciona sempre e torna sempre o trabalho melhor. Quando se prescinde de mensagens ambíguas e de avaliações de desempenho dissimuladas, uma equipa torna-se sempre mais rápida, mais criativa e mais energética.

E, honestamente, a franqueza é a sua função. Aliás, quando se torna gestor, é sua obrigação dizer a todos os que trabalham para si em que situação se encontram. É assim que constrói a melhor equipa e que ganha.

Por falar nisso, a sua pergunta não é de todo invulgar. Já ouvimos todas as desculpas possíveis para evitar a franqueza — vai contra a cortesia no Japão, por exemplo, e contra o igualitarismo na Suécia. Mas a questão da idade a que faz referência é, de longe, a razão mais comum para o desconforto.

Esqueça-a. Alguns "cotas" podem, a princípio, estar contra, mas os realmente bons estiveram, muito mais tempo do que pensa, à espera que chegasse a conversa sem rodeios.

■ ■ ■

26

OS ARGUMENTOS PARA A DIFERENCIAÇÃO...
MESMO NA SUÉCIA

Há muito que têm defendido uma abordagem de gestão denominada "diferenciação" — promovendo os 20 por cento do topo, desenvolvendo os 70 por cento do meio e abdicando dos dez por cento do fundo em termos de desempenho na empresa. Mas como pode o vosso método ser aplicado na Suécia, onde não é realmente possível despedir que tem um desempenho insuficiente?

GOTEMBURGO, SUÉCIA

Pergunta-nos acerca da Suécia, mas ouvimos esta pergunta em dezenas de países, desde a Alemanha até ao Japão ou ao México. Ouvimo-la nos EUA, com as suas leis de trabalho relativamente flexíveis. Aqui fazem a pergunta com uma variante: "Como posso aplicar a diferenciação na minha empresa? Nunca despedimos ninguém — não podemos."

Isso não é verdade. A diferenciação pode ser aplicada em qualquer lado — se for feita correctamente. Sim, existe

PRINCÍPIOS E PRÁTICAS DE GESTÃO

quem diga, no início, que o sistema não vai funcionar na *sua* cultura, mas, com o tempo, começam a ver como a diferenciação não só ajuda os colaboradores a melhorarem a sua vida, mas também muda o jogo competitivo. E começam a compreender como a diferenciação não é contra uma característica nacional em particular ou um conjunto de leis de trabalho. Na realidade, muito pelo contrário.

Veja, a diferenciação causa aborrecimentos, como referiu, devido à sua componente de despedimentos. O que é irónico é que, assim que o sistema estiver em funcionamento, raramente termina com os gestores a rescindirem com alguém. Isto porque a diferenciação força as empresas a implementar avaliações de desempenho regulares e francas para que a estrutura de 20-70-10 funciona. Quando se diz aos colaboradores que estão nos dez por cento do fundo, geralmente prosseguem por sua própria vontade e, na maioria dos casos, encontram empregos que lhes sejam mais apropriados. Quase ninguém quer ficar onde se encontra, nos últimos lugares.

Entretanto, a outra parte da diferenciação desempenha a sua importante função. Quem tem um excelente desempenho é recompensado na alma e na carteira, geralmente aumentando o seu entusiasmo para alcançar ainda mais, e aqueles que têm um desempenho mediano recebem o desenvolvimento e a formação de que precisam para obter melhores resultados e aumentar as suas oportunidades de crescimento. É realmente um sistema onde cada um vence, assim como a empresa.

É verdade que a diferenciação é mais fácil em alguns países do que noutros. Refere questões legais no que diz respeito aos despedimentos na Suécia, um panorama que leva, imediatamente, a maioria dos gestores a fugir. E, quando estivemos recentemente em Estocolmo, ouvimos falar do valor cultural concedido ao igualitarismo, que não é exactamente um conceito do género 20-70-10.

Mesmo em tais situações, onde a diferenciação parece ser uma adaptação cultural desafiante, os gestores não devem ficar relutantes. Poderá ter de ir mais devagar, de se esforçar mais e de pagar mais a com quem cortou relações. Mas os benefícios ultrapassam em muito os custos. Comece por introduzir avaliações honestas, certificando-se de que são feitas pelo menos duas vezes por ano. Transmita aos colaboradores a situação em que se encontram — sem eufemismos nem linguagem evasiva. Transforme a franqueza num verdadeiro valor organizacional. Explique austeramente por que razão as rigorosas avaliações pessoais no cerne da diferenciação são tão importantes. Afinal, elas escolhem os melhores jogadores e todos sabem que a equipa com os melhores jogadores vence.

E quem é que não quer isso — mesmo na Suécia?

■ ■ ■

27

ESTRATÉGIA PARA GRANDES E PEQUENOS

Quais acham que são os princípios fundamentais da estratégia para as empresas que empregam menos de cem pessoas? As recomendações de académicos e de consultores aplicam-se quase exclusivamente às grandes empresas, afogando-nos num mar de conselhos que parecem irrelevantes para pequenas organizações com recursos limitados.

PITTSBURG, KANSAS

Poderemos ter más notícias para si. Estratégia é estratégia, quer a empresa seja grande ou pequena. É aquela ideia brilhante — um grande "aha" como lhe chamamos — que lhe dá uma vantagem competitiva sustentável. Dizendo de outro modo, a estratégia é apenas uma proposta de valor vencedora, isto é, um produto ou serviço que os clientes simplesmente querem mais do que as outras opções disponíveis. Para além disso, a estratégia depende da execução — e, nessa frente, as empresas pequenas, na verdade, têm o que parece ser uma vantagem.

Mas não o censuramos por sentir que a maioria dos conselhos sobre estratégia que hoje em dia ouve se aplica maioritariamente às grandes empresas. É tudo tão complexo, como se a estratégia fosse uma espécie de metodologia científica para génios. Na realidade, devido aos cálculos numéricos árduos e intelectualizados e à fomentação da análise de dados, quer dizer... *teria* de ser uma grande empresa para ter as pessoas, o tempo e o dinheiro para tentar.

Não se incomode. Quanto mais se envolve em detalhes e cenários diferentes, mais fica entalado. Assim que tiver um grande "aha", a estratégia é apenas um rumo geral. É uma linha de acção aproximada que pode reexaminar e redefinir de acordo com as instáveis condições de mercado. Tem de parecer fluida — tem de estar viva!

As empresas pequenas — e as grandes — podem encontrar a sua estratégia simplesmente fazendo cinco perguntas-chave. Qual o aspecto do campo de jogo? O que é que a nossa concorrência tem feito ultimamente? O que temos feito nos últimos tempos? Que futuros acontecimentos ou mudanças possíveis não nos deixam dormir com tanta preocupação? E tendo em conta tudo isto, qual é a nossa jogada vencedora?

Este processo não teórico e relativamente rápido não exige um manual escolar ou consultores para ser con-

PRINCÍPIOS E PRÁTICAS DE GESTÃO

cluído. Aliás, exige apenas uma equipa de colaboradores informados e comprometidos que conseguem sonhar alto e discutir intensamente — e, por fim, surgir com um plano de jogo dinâmico.

Depois, é altura de implementar e é aí que as empresas pequenas têm vantagem. Quando apenas existem cem colaboradores, ou até mil, é muito mais fácil transmitir estratégias e deixar todos entusiasmados, com uma intensidade contagiosa partilhada e espírito dinâmico. E assim que a estratégia estiver lançada, as pequenas empresas, tal como pequenos barcos a motor, têm a capacidade de regular a direcção mais rapidamente do que os transatlânticos empresariais. Também conseguem recrutar mais rapidamente, tomar decisões sem tantas barreiras burocráticas e, em geral, encontrar os seus erros (e repará-los) mais depressa dos que os seus pesados rivais.

Assim, pequeno não é exactamente bonito no que diz respeito a estratégia. Aqui está o busílis: com recursos limitados, tem de estar certo mais vezes. As grandes empresas aguentam muitos deslizes; têm possibilidade de apostar em um, dois ou três grandes "aha" que não funcionam. Pelo contrário, um pequeno erro estratégico pode levar uma empresa pequena à falência.

O essencial para as pequenas empresas resulta de aumentar a sua proposta de valor para um nível mais elevado. Têm mesmo de se certificar de que têm algo único — uma nova ideia patenteada, uma tecnologia inovadora, um processo de custos extremamente baixos ou uma oferta de serviços única. Seja o que for — simplesmente tem de ter o poder de atrair clientes e de os fidelizar. E quando o fizerem, as empresas pequenas podem festejar uma estratégia vencedora, sabendo que a elaboraram sem gráficos, diagramas, relatórios, estudos e montes de *slides* em PowerPoint de que ninguém precisa, nem as grandes empresas.

■ ■ ■

28

O ENIGMA DOS CONSULTORES

Os consultores são bons ou maus? Em que circunstâncias é que os contratava e o que é que isso pode transmitir sobre as competências dos nossos colaboradores?

ALBANY, NOVA IORQUE

A sua pergunta é quase como perguntar: "Os médicos são bons ou maus?" A resposta é que alguns são bons e alguns são maus — mas, de qualquer modo, o melhor é passar o menor tempo possível com eles.

Veja, o problema com os consultores é que eles estão fundamentalmente (se bem que furtivamente) em desacordo com os gestores para quem querem trabalhar. Os consultores querem ir para uma empresa, resolver a confusão e depois passar o tempo a encontrar e a resolver outras confusões — *para sempre*. Os gestores querem que os consultores venham, resolvam depressa o problema específico e se vão embora, também para sempre. A tensão entre estes objectivos contraditórios é o que torna o recurso aos consultores problemático.

É claro que existem situações em que os consultores são úteis. Por vezes, uma empresa precisa de um olhar fresco que avalie uma estratégia antiga ou um produto novo. Outras vezes, uma empresa não tem, internamente, as competências necessárias para tomar uma decisão esclarecida. Hoje em dia, as empresas de capital privado, por exemplo, usam os consultores de modo bastante eficaz para avaliar rapidamente os mercados e as áreas onde há possibilidade de efectuar aquisições.

Mas o aviso em relação aos consultores é: "Tenha cuidado". Antes que dê por isso, eles podem estar a fazer o trabalho contínuo do seu negócio. Afinal, é isso que querem, mesmo que você não o queira.

■ ■ ■

29

O PERIGO DE NÃO FAZER NADA

Há cinco anos criámos uma empresa no então popular ramo das comunicações por fibra. Lutámos muito para manter a empresa viável, mas agora é obvio que o seu "espaço de crescimento" é muito mais limitado do que estávamos à espera. Deveremos desistir e começar de novo numa nova área ou manter-nos no jogo da sobrevivência?

SUNNYVALE, CALIFÓRNIA

Uma vez que é de Silicon Valley, parece-nos que já deve saber a resposta à sua pergunta: o jogo da sobrevivência é uma chatice e isso é uma realidade no sector da tecnologia. Aliás, manter-se firme numa empresa de tecnologia de fraco crescimento é um caminho rápido para o inferno da comoditização, onde será forçado a aguentar uma dolorosa eternidade de conflitos devido ao baixo custo com fabricantes *offshore*. É um caminho a *não* percorrer.

Então, será melhor procurar uma nova área onde, juntamente com a sua equipa, pode crescer e prosperar. Parece que a sua empresa tem um modelo de negócios em que a sobrevivência, pelo menos no futuro mais próximo, é uma opção. Isso são boas notícias. Significa que o seu desafio imediato será colher todos os frutos que conseguir retirar do que tem, de modo a que o *cash flow* continue a entrar. Entretanto, pode pensar no novo jogo, alocar os recursos para adquirir um negócio ou começar um de novo.

Mas nada disto pode parecer particularmente fácil ou agradável — sair de um negócio nunca o é — mas pode consolar-se ao saber que a sua situação é totalmente comum. O ambiente começa a mudar sob os seus pés e, de repente, o seu negócio já não faz tanto sentido. Isto acontece todos os dias, em todo o mundo, não apenas em *start-ups* empreendedoras. Na verdade, é particularmente comum em empresas antigas e já estabelecidas, onde novas dinâmicas competitivas emergem aparentemente vindas do nada para contrariar o *statu quo*. Infelizmente, demasiadas vezes nestas grandes empresas, certos negócios tornaram-se de tal modo em santuários que os gestores não reagem com o realismo lúcido que a carta que escreveu sugere.

Veja, a mudança exige que os líderes derrotem todo o tipo de dinâmicas totalmente humanas, como a inércia, o carinho pela tradição e a esperança de que as coisas melhorem. Mas os momentos estratégicos exigem uma espécie de coragem, ou pelo menos a falta de sentimentalismo, o que é raro. É nestes momentos que os melhores líderes encontram um espelho e fazem a pergunta determinante que o grande Peter Drucker, já falecido, colocou há quase 50 anos: "Se ainda não tivesse o seu negócio, investiria nele hoje?" Se a resposta fosse não, disse Drucker, era necessário enfrentar outra pergunta difícil: "O que vai fazer em relação a isso?" Todos os líderes hoje devem prestar atenção aos seus conselhos e, se for necessário, segui-los até ao fim, quer isso signifique recuperar, vender, comprar ou fechar o negócio.

Parabéns por já ter feito isso. A sua decisão poderá ser difícil a curto prazo mas, por fim, libertará os seus colaboradores de um ambiente de trabalho perdedor e dar-lhes-á a hipótese de encontrarem um futuro cheio de oportunidades, talvez até com o seu novo empreendimento.

■ ■ ■

30

ATÉ QUE PONTO A SUA EMPRESA É SAUDÁVEL?

Se tivessem de escolher, quais identificariam como as três medidas de avaliação que dão uma melhor ideia da saúde de uma empresa?

ORLANDO, FLORIDA

Todos os tipos de negócios, sem falar de todos os tipos de gestores, têm um conjunto diferente de estatísticas vitais que são realmente importantes. Para a área industrial pode ser a rotação de inventário, a entrega a horas e os custos unitários. Para o *marketing* pode ser os novos fechos de contas, a quota de mercado e o crescimento de vendas. Para os gestores de *call centers* pode ser o tempo de atendimento, o número de chamadas que caem e a retenção de colaboradores.

Mas se está a gerir um negócio, quer seja uma loja de bairro ou uma multinacional que vende produtos variados, diríamos que há três indicadores-chave que realmente funcionam: compromisso dos colaboradores, satisfação do cliente e *cash flow*.

Estas medidas de avaliação não lhe dizem tudo o que precisa de saber, mas quase. Elas vão mesmo ao cerne do desempenho global de uma empresa, agora e no futuro.

Em primeiro lugar falemos sobre o compromisso dos colaboradores. Não é preciso dizer que nenhuma empresa, grande ou pequena, pode vencer com o passar do tempo sem ter colaboradores cheios de energia que acreditam na missão e compreendem como a realizar.

É por isso que precisa de testar o compromisso dos colaboradores, pelo menos uma vez por ano, com inquéritos anónimos para que sintam que é completamente seguro dizer o que pensam.

Mas tenha cuidado. Não caia na habitual armadilha de deixar que estes inquéritos incidam sobre as pequenas coisas, como questões sobre a qualidade da comida na cantina ou a disponibilidade de lugares de estacionamento no parque da empresa. Os melhores inquéritos e com mais significado sobre o compromisso dos colaboradores estão muito afastados disso. Eles sondam a opinião dos colaboradores sobre o rumo estratégico da empresa e a qualidade das suas oportunidades de carreira. Perguntam: "Acha que a empresa tem um conjunto de objectivos que as pessoas compreendem, aceitam e apoiam?" e "Sente que a empresa se preocupa consigo e que lhe foi dada a oportunidade de crescer?" e "Sente que o seu trabalho diário está relacionado com o que os líderes da empresa dizem nos seus discursos e no relatório anual?"

Os melhores inquéritos sobre o compromisso dos colaboradores preocupam-se com uma pergunta: "Estamos aqui todos na mesma equipa?"

Como é óbvio, o crescimento é a chave para a viabilidade a longo prazo, é por isso que a satisfação do cliente é o segundo sinal vital para os directores-gerais. Mais uma vez, esta medida de avaliação pode ser conseguida através de inquéritos, mas normalmente estes são insuficientes para lhe darem os dados realistas de que precisa para uma verdadeira análise da situação. Tem de fazer visitas. E não vá apenas conversar com os "bons" clientes. Vá ter com os mais difíceis, aqueles cujas encomendas são inconsistentes ou estão a diminuir. Vá falar com aqueles com quem a sua equipa de vendas não gosta de falar.

Torne estas visitas num processo de aprendizagem. Descubra uma dúzia de maneiras de perguntar "O que podemos fazer melhor?" E não se vá embora sem descobrir se cada cliente recomendaria os seus produtos ou serviços. Esta é a prova de fogo à satisfação dos clientes.

Por último, existe o *cash flow*, que é valioso porque não mente. Todos os outros cálculos, como o rendimento líquido, têm alguma utilidade. Foram "massajados" durante o processo contabilístico, que está repleto de suposições. Mas o *cash flow* livre informa-o sobre as verdadeiras condições do negócio. Dá-lhe uma noção da sua margem de manobra — se pode devolver dinheiro aos accionistas, reduzir dívidas, ou contrair mais empréstimos para crescer mais rapidamente, ou qualquer combinação destas opções. O *cash flow* ajuda-o, basicamente, a compreender e a controlar o seu destino.

Sem dúvida, existem muitas medidas de avaliação que lhe dão uma ideia do estado do seu negócio. Mas se tiver compromisso por parte dos colaboradores, satisfação dos clientes e *cash flow* em ordem, pode ter a certeza que a sua empresa é saudável — e está no caminho para vencer.

■ ■ ■

31

A VERDADEIRA FUNÇÃO DOS RH

Se os RH são a parte mais poderosa de uma organização, como dizem sempre, por que é que o seu impacto é apenas sentido de modo negativo?

LOUISVILLE, KENTUCKY

Porque em muitas empresas, infelizmente, os RH não funcionam correctamente — ou operam como se fossem uma sociedade secreta ou espectáculos de riso e choro. Estes são exemplos extremos, é claro, mas, se há alguma coisa que aprendemos nos últimos cinco anos de viagens, é que os RH raramente funcionam como deviam.

Isso é um escândalo e é ainda pior pelo facto de que a maioria dos líderes não andar apressada a tentar resolver a situação.

Sem rodeios: os RH deviam ser a única aplicação invencível de qualquer empresa. O que pode ser mais importante do que quem é recrutado, desenvolvido, promovido ou convidado a sair? No fim de contas, os negócios são um jogo e, como em todos os jogos, a equipa que põe as melhores pessoas em campo e a jogar em conjunto vence. É tão simples quanto isto. Nunca se aperceberia disso, porém, ao olhar para as empresas hoje em dia onde o CFO* é o rei supremo e os RH são relegados para segundo plano. Não faz sentido. Se fosse dono dos Red Sox**, por exemplo, passaria o seu tempo com o contabilista ou com o director de pessoal?*** Claro, o contabilista pode informá-lo sobre os aspectos financeiros. Mas o director de pessoal sabe o que é preciso para vencer: a qualidade de cada jogador e onde encontrar substitutos fortes para preencher as lacunas de talento.

É assim que os RH deviam ser.

E, tal como referiu, normalmente não é o caso.

Isto nunca foi tão claro para nós como há alguns anos quando discursámos para cinco mil profissionais de RH na Cidade do México. A certa altura, perguntámos ao público: "Quantos de vocês trabalham em empresas onde o CEO concede aos RH um lugar à mesa igual ao do CFO?" Após um silêncio estranho, menos de 50 pessoas levantaram o braço. Terrível!

---

*   **N.T.** *Chief Financial Officer* – Administrador responsável pelo pelouro financeiro.

**   **N.T.** Equipa norte-americana de basebol.

***   **N.T.** No original *Director of player personnel*.

Desde então, tentámos compreender por que é que os RH se tornaram tão marginalizados e, tal como referimos, existem pelo menos dois pólos de mau comportamento. O "sociedade secreta" acontece quando os gestores de RH se tornam pequenos fazedores dissimulados de "reis", construindo e destruindo carreiras, por vezes nem sequer sob ordens do CEO. Estes departamentos de RH podem realmente ser poderosos mas, frequentemente, de forma prejudicial, levando as melhores pessoas a sair apenas para fugir da intriga palaciana. Muitas vezes, porém, encontramos também o outro extremo: departamentos de RH que planeiam piqueniques, editam a *newsletter* da empresa e, em geral, enlouquecem todos quando impõem regras e regulamentações que parecem não ter qualquer objectivo a não ser aumentar a burocracia. Retiram o pouco poder que têm do facto de serem a polícia que diz "não pode fazer isso."

Então, como é que os líderes resolvem esta confusão?

Tudo começa com quem nomeiam para gerir os RH — nem fazedores de reis nem polícias, mas jogadores de primeira liga, pessoas de verdadeiro prestígio e credibilidade. Na realidade, precisam de encher os RH com uma espécie híbrida: pessoas que são metade pastor, que ouvem todos os pecados e queixas sem os recriminarem, e outra metade pais, afectuosos e protectores mas que nos castigam quando passamos das marcas. Os pastores-pais

PRINCÍPIOS E PRÁTICAS DE GESTÃO

podem ascender até aos RH e, na maioria dos casos, já geriram alguma coisa durante as suas carreiras, tal como uma fábrica, ou ocuparam alguma função importante. Eles *entendem* o mundo dos negócios — o seu modo de funcionamento interno, a sua histórias e tensões e as hierarquias escondidas na mente das pessoas. São conhecidos por serem inflexivelmente francos, mesmo quando a mensagem é dura, e não divulgam confidências. De facto, com a sua perspicácia e integridade, os pastores-pais ganham a confiança da organização.

Mas os pastores-pais não passam o tempo a fazer com que as pessoas se sintam reconfortadas e felizes. Tornam a empresa melhor, primeiro e acima de tudo ao orientarem um rigoroso sistema de apreciação e avaliação que informa todos na organização em que situação se encontram, e ao monitorizarem esse sistema com a mesma intensidade da Lei Sarbanes-Oxley[*].

Os líderes devem também certificar-se de que os RH desempenham dois outros papéis. Devem criar mecanismos eficazes, como dinheiro, reconhecimento e formação, com o objectivo de motivar e reter as pessoas. E devem estimular as organizações a enfrentarem as suas relações mais tensas, tais como com os sindicatos, aqueles que

---

[*] **N.T.** Lei norte-americana que determina a boa governação e a ética nos negócios das empresas.

apresentam resultados insuficientes, ou "estrelas" que se estão a tornar problemáticas, por exemplo, ao "incharem" em vez de crescerem.

Agora, dada a sua má experiência com os RH — e não está sozinho — este tipo de actividade de RH de grande impacto parece, provavelmente, um sonho irrealizável. Mas visto que a maioria dos CEO anuncia em alto e bom som que as pessoas são o seu "activo mais valioso", não devia ser assim.

Não pode ser. Os líderes têm de parar de falar e começar a agir e a pôr os RH a fazer o que realmente lhes compete: elevar a gestão de pessoal até ao mesmo nível de profissionalismo e integridade da gestão financeira.

Uma vez que as pessoas são o jogo, o que poderia ser mais importante?

■ ■ ■

32

EQUIPA... E OUTROS FILTROS

Trabalho para uma empresa industrial onde o departamento de TI reporta ao responsável máximo pelas finanças. Como ele nunca tem tempo de avaliar os projectos de TI, acontece que estas, que não têm qualquer representação a nível da administração, só merecem atenção quando existe alguma questão urgente. Isto é um problema, não é?

HARARE, ZIMBABUÉ

De facto é. Na verdade, aquele som que ouve é a lamentação colectiva de grupos de pessoas que, tal como você, observaram esta dinâmica disfuncional desenrolar-se nas suas organizações. E não estamos apenas a falar do departamento de TI ser enterrado onde não devia e negligenciado até rebentar uma crise — embora isso seja suficientemente mau. Estamos a falar do problema maior e mais oneroso que a sua carta sugere — o domínio rasputiniano do CFO em demasiadas empresas.

Ok, talvez invocar Rasputin seja um pouco exagerado. Mas não é exagerado dizer que o CFO pode exercer, e muitas vezes exerce, demasiada influência. E se não for o CFO, é o chamado CAO* que tem este tipo de poder excessivo, gerindo as próprias finanças, os RH e vários outros departamentos. Mas, por vezes o CAO é o antigo CFO. Por vezes, ele ou ela é o antigo conselheiro geral. De qualquer forma, esta camada extra de gestão multiplica a burocracia. Quem ocupa a posição de CFO ou de CAO transforma-se na figura com quem todos na empresa têm de ir ter — o guarda-costas por quem todas as perguntas e decisões têm de passar antes de chegarem ao CEO — ou não. A função torna-se num contentor geral para projectos, pessoas ou departamentos inteiros com os quais o CEO, "sobrecarregado de trabalho" e com demasiados subalternos directos, está demasiado ocupado para lidar.

Isto é completamente errado.

Então, por que acontece?

Em relação às TI a resposta é fácil: é uma ressaca histórica. Inicialmente, as TI eram vistas como boas para baixar os custos e aumentar a eficiência das operações de pagamento dos vencimentos. Naquela altura, há

---

*   **N.T.** CAO – *Chief Administrative Officer* – Responsável pelo pelouro administrativo e que, por vezes, acumula a área dos recursos humanos.

décadas atrás, era lógico as TI reportarem ao CFO. A maioria das boas empresas, no entanto, retirou as TI do departamento financeiro quando a sua ampla utilidade estratégica se tornou óbvia. Mas algumas, ao que parece incluindo a sua empresa, não o fizeram.

Em relação ao facto de os RH reportarem a um CAO, na verdade não pode haver nenhuma boa explicação! Com o seu papel crucial no recrutamento, na avaliação e no desenvolvimento das pessoas, os RH têm um papel tão central no sucesso de uma empresa que é quase um crime não reportarem directamente ao CEO. Quando isso não acontece, apenas podemos supor que é porque o CEO não compreende a importância "das pessoas", ou existe alguém que realmente gere a empresa, ou as duas coisas.

O que nos leva às consequências de toda esta dinâmica. A primeira é que os gestores de RH e de TI de primeira linha, que são quem tem geralmente as ideias e as informações mais relevantes na empresa, não são ouvidos atempadamente por quem ocupa os cargos de topo. Todas as boas ideias que possam ter são filtradas antes de chegarem ao CEO ou à administração, muitas vezes pelo CFO sensível aos custos, ainda por cima!

Segundo, as empresas onde o CFO ou o CAO são reis supremos têm muito mais dificuldade em atrair pessoas com muito talento para os lugares de topo nas funções de RH ou TI. Os melhores e mais inteligentes nestas áreas escolherão sempre trabalhar onde têm um lugar à mesa *igual* ao do CFO. Por que não deveriam ter? As melhores empresas reconhecem o seu valor e recompensam-nos com uma boa remuneração e prestígio.

Então, para responder à sua pergunta — sem dúvida, a área das TI não devia reportar ao CFO.

Nem sequer deveria qualquer cargo-chave reportar a uma camada burocrática. O seu problema, infelizmente comum, é um bom exemplo.

■ ■ ■

33

ACABAR COM AS REDUÇÕES DOS POSTOS DE TRABALHO ANTES QUE ESTAS ACONTEÇAM

Quando uma empresa atravessa um momento difícil, geralmente reduz o número de postos de trabalho. Isso não será hipócrita, visto que a maioria das empresas afirma que as pessoas são o seu "activo mais valioso" e que também gasta muito dinheiro com a formação?

CURITIBA, BRASIL

À s vezes as empresas não têm outra escolha que não os *layoffs*[*]. Elas falham um ciclo económico ou a economia em geral está em declínio. Mas a dura realidade é que demasiadas empresas aproveitam os tempos difíceis para fazer algo que deviam fazer o tempo todo — limpar a casa. Essa negligência — em especial enquanto

---

[*] **N.T.** Suspensão temporária dos colaboradores, por falta de trabalho ou de possibilidade de pagamento.

entoam entorpecidamente o mantra "as pessoas são o nosso activo mais valioso" — certamente torna os repentinos *layoffs* hipócritas, tal como sugere.

Mas mais do que isso, torna-os injustos e cruéis.

Nem sempre é fácil ser gestor, mas, quando se aceita ser, tem-se uma responsabilidade para com os colaboradores, que é sempre informá-los da situação em que se encontram. Nenhuma empresa devia existir sem um rigoroso sistema de avaliação e nenhum gestor devia ser demasiado cobarde para o implementar. As recompensas deviam estar estreitamente ligadas à avaliação de um colaborador, dando mais dinheiro e elogios aos melhores e nada aos piores.

Este tipo de sistema tem um efeito rápido e fantástico nos colaboradores com um desempenho fraco. Raramente é preciso despedi-los. De uma maneira geral, saem por sua própria vontade. Aliás, acabam por encontrar um emprego mais adequado às suas competências, em lugares onde podem finalmente ser apreciados. É um final perfeito para eles, para a empresa que abandonaram e para aquela em que entraram.

O problema é que muitos gestores afirmam ser demasiado "simpáticos" ou "amáveis" para transmitir às pessoas em que situação se encontram — especialmente aos verdadeiros falhados.

É por isso que muitas empresas se deparam com a situação que descreveu. Normalmente o padrão é o seguinte.

Perante resultados fracos, a equipa no topo decide que os custos têm de ser reduzidos rapidamente. Os gestores em toda a empresa vêem os *layoffs* como a linha de acção mais imediata, então o gestor da divisão Q, por exemplo, decide despedir duas pessoas. Mas, durante este tempo todo, esta pessoa verdadeiramente amável tem vindo a dizer aos seus colaboradores como eles são fantásticos, recompensando-os de modo igual em alturas de bónus e até mandando muitos deles para formação. Mas quando a crise aperta, ele sabe *exactamente* quem deve sair: o Joe e a Mary que há anos não faziam o que lhes competia.

Chama cada um para uma reunião, para lhes dar a notícia.

"Porquê eu?", perguntam ambos.

"Bem, porque não eram muito bons" é a resposta balbuciada.

"Mas durante 30 anos disseram-me que estava a ir muito bem! O que é que se passa?"

Boa pergunta.

Se, primeiro que tudo, este gestor estivesse a fazer o seu trabalho de recursos humanos correctamente, ser despedido não seria um choque para o Joe e a Mary. Conhecendo a sua situação, teriam saído da empresa muito antes. Em vez disso, vêem-se obrigados a procurar um novo emprego, frequentemente no decorrer da própria recessão que tornou o seu despedimento necessário.

Aqui têm a gestão "simpática".

Contudo, não estamos a dizer que as empresas podem sempre evitar o choque e a dor dos *layoffs* ao utilizarem consistentemente um sistema de avaliação e de limpeza da casa. Existirão sempre acontecimentos infelizes fora do controlo de uma organização que exigem uma redução de custos rápida e nada faz isso melhor do que a redução dos postos de trabalho.

Mas um sistema de avaliação rigoroso, juntamente com uma comunicação transparente sobre a situação da empresa, faz um bom trabalho na prevenção do tipo de hipocrisia generalizado em relação aos *layoffs* que exemplificou — e muito bem.

■ ■ ■

34

JÁ CHEGA DE ORÇAMENTAÇÃO DA TRETA

Quanto mais trabalho, mais sinto que os melhores colaboradores perdem o seu tempo a "apresentar o orçamento." Suponho que isso tem de acontecer, mas todo o processo de orçamentação parece tão disparatado. Qual a vossa opinião?

PRAGA, REPÚBLICA CHECA

Disparatado? Nem por isso — contraproducente sim. Veja, é necessária alguma forma de planeamento financeiro: as empresas têm de controlar os números. Mas o seu pensamento está no caminho certo. O processo de orçamentação — como é feito actualmente na maioria das empresas — faz exactamente o que não se quer. Esconde oportunidades de crescimento. Promove maus comportamentos, em particular quando as condições de mercado mudam a meio caminho e as pessoas *ainda* tentam "cumprir os números." E tem uma maneira estranha de sugar a energia e o divertimento de uma organização.

Porquê? Porque grande parte da orçamentação está, indo directos ao assunto, desligada da realidade. É um processo que ganha o seu poder do simples facto de estar institucionalizado, exemplificado em: "Bem, é assim que sempre se fizeram as coisas aqui."

Não tem de ser assim!

Mas, antes de lá chegarmos — isto é, a uma forma melhor de fazer a orçamentação — pense nas coisas que estão erradas na abordagem padronizada.

O processo geralmente começa no início do Outono. É quando quem está no terreno começa a longa estafa da construção dos planos financeiros *bottom-up*[*] e extremamente detalhados para o próximo ano, para os apresentar aos manda-chuvas da empresa daqui a algumas semanas. O objectivo de quem está no terreno não é declarado, obviamente, mas é como um laser. Querem arranjar metas que têm a certeza absoluta que conseguem atingir; afinal, é assim que são recompensados. Por isso, elaboram planos compostos por várias camadas de conservadorismo.

Entretanto, de volta à sede, os executivos estão também a preparar-se para rever o orçamento, com prioridades totalmente opostas. Eles são recompensados por

---

[*] **N.T.** Direcção do fluxo de informação ou das decisões, dos níveis hierárquicos mais baixos para os níveis hierárquicos mais altos.

PRINCÍPIOS E PRÁTICAS DE GESTÃO

grandes aumentos de vendas e de lucros, por isso querem metas que estiquem os limites.

Sabe o que acontece a seguir. Os dois lados encontram-se numa sala sem janelas para um combate que dura o dia todo. Quem está no terreno defende que a concorrência é brutal e que a economia é inflexível e, portanto, as receitas podem aumentar, por exemplo, seis por cento. Na sede ficarão com um olhar surpreendido e talvez um pouco irritados; a sua visão do mundo exige que a equipa apresente 14 por cento.

Avancemos rapidamente para o fim do dia. Apesar das indispensáveis queixas e resmunguices durante todo o processo, os números do orçamento serão estabelecidos num valor intermédio — dez por cento. E, pouco depois, a reunião acabará com gracejos e apertos de mãos. Só mais tarde, quando ambos os lados estiverem sozinhos, é que se irão gabar entre eles do modo como conseguiram que os outros aceitassem *exactamente* os eles queriam.

O que há de errado nesta situação? Primeiro, o que se vê: um compromisso orquestrado. Mas, mais importante ainda, o que não se vê: uma conversa expansiva e rica sobre oportunidades de crescimento, especialmente as de alto risco.

Essa conversa normalmente não existe por causa do sistema irracional de recompensas acima mencionado. As pessoas no terreno são literalmente pagas para atingirem as suas metas. Se não, levam um murro na cara (ou pior) por não as atingirem. Então, por que razão haveriam de pensar em grande?

Não o farão — excepto se um novo sistema de recompensas for posto em funcionamento. Um sistema em que os bónus se baseiam *não* num número negociado internamente, mas em medidas de avaliação do mundo real: como foi o desempenho do negócio em comparação com o ano anterior e com a concorrência.

Com esse tipo de sistema de medidas de avaliação, tenha cuidado. De repente, a orçamentação pode passar de um ritual embrutecedor para um diálogo variado aberto a tudo entre o terreno e a sede, acerca de futuras oportunidades de mercado corajosas. E dessas conversas irão nascer cenários de crescimento que não podem ser chamados de orçamentos. São *planos operacionais*, repletos de estratégias e tácticas de comum acordo para aumentar as vendas e as receitas, que não eram apostas seguras.

Como é óbvio, os planos operacionais não são todos desejos e tolices, desprovidos de um enquadramento financeiro. Devem sempre conter um número — o melhor cenário — e um número abaixo do qual não se espera que a empresa chegue. No entanto, o ponto principal é que esta amplitude de valores será o resultado de um diálogo sobre as realidades do mercado.

E, porque fazem parte de um diálogo, os planos operacionais podem ser flexíveis e podem mudar durante o ano, se necessário, devido às condições de mercado.

Na verdade, o único aspecto rígido nesta forma de orçamentação é o valor essencial que exige a uma organização — confiança. Quem está no terreno tem de acreditar que não vai ser castigado por não atingir as suas metas e os executivos têm de honrar essa confiança. Entretanto, os executivos têm de acreditar que quem está no terreno está a dar o seu melhor de modo a cumprir aqueles grandes objectivos e quem está no terreno tem de defender essa boa-fé com os seus esforços.

Com esse "contrato" estabelecido, a dinâmica da orçamentação ganha uma nova vida.

Por isso, não desista ainda da orçamentação na sua empresa. Tem razão em sentir-se frustrado agora, mas, tendo em conta o quanto se tem a ganhar, talvez seja altura de iniciar uma conversa sobre a mudança do processo. Está preparado?

■　■　■

35

NÃO FOI INVENTADO AQUI?

A nossa empresa de peças para automóveis emprega cerca de duas mil pessoas e tem uma longa história de especialização técnica e industrial, mas curta em termos de *marketing*. O meu problema é o seguinte: actualmente temos um produto que é tecnicamente perfeito, mas os clientes não estão a comprá-lo (preferem outra solução mais avançada, fabricada pela concorrência). Obviamente, de modo a permanecermos competitivos, temos de reduzir o preço, mas não vejo como. Os nossos custos são tão bem geridos que o *outsourcing*, mesmo para a China, Índia ou Europa de Leste, não tem razão de ser. Além do mais, dispomos da mais adequada tecnologia industrial disponível e a depreciação das nossas máquinas, de momento, é muito baixa. Qual é o vosso conselho?

PRAGA, REPÚBLICA CHECA

Para alguém numa empresa com apenas duas mil pessoas, até parece que apresenta um dos sintomas mais comuns da infecção que ataca as grandes empresas: a síndrome do "não foi inventado aqui", ou NIA*.

Você conhece a NIA. É quando os gestores se sentem tranquilos com a ideia de que a sua empresa está no melhor do seu desempenho — tão tranquilos, aliás, que criam um ambiente onde não existe um grande interesse em usar ideias de fontes exteriores para melhorar o modo como as coisas são feitas. Os gestores NIA acreditam que a empresa tem tudo controlado. Afinal, ela existe há já algum tempo e tem a sua quota de sucesso. "É assim que fazemos as coisas por aqui," gostam de dizer. E se alguém sugere uma nova prática, costumam responder com o refrão: "Já experimentámos isso."

A infecção que ataca as grandes empresas é, em geral, terrível. Juntamente com a complacência da NIA, os seus outros sintomas incluem inércia, burocracia e aversão ao risco. Mas a NIA bate-os a todos. Destrói organizações e suga a competitividade directamente das veias.

Por isso, vamos falar de curas.

Aliás, observemos a situação. Menciona que tem os custos tão controlados que é impossível diminuírem, mesmo com *outsourcing*. Também parece acreditar que tem a melhor tecnologia disponível, afastando ainda mais a necessidade de procurar alternativas fora da

---

*   **N.T.** *Not Invented Here* (NIH).

empresa. No global, parece estar verdadeiramente num impasse com o seu problema.

Mas talvez não veja a solução por estar tão concentrado a olhar para dentro. Para nós, o seu problema parece ser muito simples. Ao que parece, um concorrente fabricou um produto melhor e mais barato do que você e colocou-o no mercado mais rapidamente. A solução também parece ser simples: por que não esquecer a ideia de que já tentou tudo e tentar *mais* de tudo?

Basicamente, estamos a falar de inovação. A sua empresa tem de estar obcecada com a procura de um novo processo, produto ou serviço que crie uma proposta de valor que o mercado queira, desesperadamente, comprar. Talvez uma nova prática seja aquilo de que precisa — um processo diferente de compra ou um novo modo de comunicar com os clientes. Talvez uma nova tecnologia o faça progredir — algo que possa desenvolver ou adquirir a outra empresa através de uma licença, fusão ou aquisição. Com uma mente aberta, descobrirá que o mundo de possibilidades de progresso é enorme. Aliás, avance com o *outsourcing*. Apesar das suas excelentes máquinas e baixa depreciação, tem de haver uma empresa num país qualquer que possa fazer as peças para o seu produto, ou o próprio produto acabado, por menos dinheiro.

Ironicamente, a sua grande vantagem nesta altura pode ser a dimensão. A sua empresa é demasiado pequena para ser atacada pela infecção das grandes empresas! Com duas mil pessoas, devia conseguir agir com rapidez para desenvolver e avançar com uma nova tecnologia através de testes, ou comprar outra empresa com um excelente serviço suplementar, ou mudar de gestão de modo a trazer caras novas que consigam quebrar o paradigma técnico. O maior obstáculo é a sua atitude — uma posição de grande empresa insular, que não pode dar-se ao luxo de assumir.

■   ■   ■

36

COMPREENDER A ESTRUTURA MATRICIAL

Tendo trabalhado tanto em empresas grandes como pequenas, tenho dificuldade em perceber quais os benefícios globais da estrutura organizacional matricial. Será um problema inerente à estrutura matricial, ou apenas a má gestão da mesma?

COLORADO SPRINGS, COLORADO

É tão fácil não gostar da estrutura matricial[*], não é? Se há alguma coisa sobre a qual praticamente todos no mundo dos negócios concordam, é que este tipo de estrutura soa bem em teoria mas é um inferno pô-la em prática.

Inclua-nos também. Sem dúvida, preferimos negócios puros de unidades de negócios[**]. São construídos com base

---

[*] **N.T.** Modelo de Gestão internacional da estrutura de empresas.
[**] **N.T.** Negócios *Profit and Loss* (P&L).

em relatórios transparentes, onde cada indivíduo é responsável pelos seus resultados. Facilitam a concentração na estratégica e tornam a distribuição de recursos mais fácil. São os melhores campos de formação para desenvolver directores-gerais. E são, sem dúvida, positivos no que diz respeito à criação de novos negócios a partir de um antigo; neste tipo de estruturas os campeões dos novos negócios têm menos dificuldade em ser ouvidos.

Já as estruturas matriciais, apesar das suas boas intenções, podem ser exercícios de frustração. O grande problema é que retira a transparência das organizações. Sempre que tiver alguém a reportar-se a duas chefias, é provável que a responsabilização seja uma confusão. As estruturas matriciais estão repletas de relações múltiplas. O resultado pode ser todo o tipo de prejuízos, desde jogos de poder até a falhas de comunicação. Ao mesmo tempo, a estrutura matricial muitas vezes coloca pessoas com boas intenções no meio de mal-entendidos. Um cenário clássico de uma estrutura matricial envolve um gestor industrial que tenta fazer o seu orçamento geral de inventário à custa de um gestor de produto, com um novo modelo de um produto, que está desesperadamente à espera de disponibilidade para avançar. Não admira que a estrutura matricial tenha tendência para enervar quem trabalha neste sistema— a ambiguidade e as mentes pouco brilhantes conseguem provocar isso.

Mas se as estruturas matriciais fossem todas más, já estariam extintas como os dinossauros, e não estão.

As estruturas matriciais têm duas vantagens principais. A primeira é que criam uma fonte de especialização superior a que muitas linhas de produto podem recorrer. Vejamos, por exemplo, uma empresa de motores a jacto com diferentes variedades de motores. Numa situação de unidade de negócio, cada variedade de motor teria o seu próprio especialista em metal. Mas nenhuma destas pessoas, provavelmente, seria do mesmo nível dos especialistas que trabalham numa organização com uma estrutura matricial. Porquê? Porque as organizações funcionais — com os seus salários, visibilidade e prestígio — têm mais capacidade de atrair talento de alto nível.

A segunda vantagem de uma estrutura matricial é financeira. Como resultado das grandes encomendas, os directores industriais e de *marketing* estão muito mais preparados para negociar com os fornecedores e distribuidores do que os directores de empresas à frente de unidades de negócios individuais. Têm simplesmente um maior poder de negociação.

Por isso, apesar de trabalhar numa estrutura matricial possa, por vezes, ser de enlouquecer, não se pode negar os seus benefícios. A partir da sua pergunta é difícil perceber por que é que a experiência tem sido tão negativa para si. Talvez, tal como sugeriu, tenha algo a ver com gestão. Não nos surpreenderia; as estruturas matriciais são mais difíceis de gerir do que as unidades de negócio. Exigem um maior nível de conforto com a ambiguidade. Além do mais, exigem um maior nível de confiança. Isto é, quem está na linha de produção tem de acreditar verdadeiramente que todos estão a trabalhar em prol do objectivo geral do negócio e não apenas a cumprir os seus próprios objectivos.

Conclusão: as estruturas matriciais podem nunca vir a ser tão boas na prática como o são na teoria e nunca será tão fácil trabalhar nelas como numa estrutura assente em unidades de negócios, mas não desista por completo. Quando os líderes constroem confiança e são exigentes de forma a assegurar a maior transparência possível, as estruturas matriciais funcionam.

■ ■ ■

37

O USO E O ABUSO DO INSTINTO

O que fariam se descobrissem que os vossos colaboradores tinham tendência para confiar mais no instinto do que em factos e no pensamento racional? Os meus são assim, fazendo com que me interrogue sobre como posso explicar as suas decisões aos executivos da empresa.

JACARTA, INDONÉSIA

Tem duas escolhas. Ou diz aos seus chefes: "O Charlie tomou essa decisão com base no seu instinto comprovado"; ou, se o instinto de Charlie tiver 50 por cento de hipóteses de acertar, na melhor das hipóteses, peça-lhe para parar de tomar decisões dessa maneira.

Regra geral, o instinto não é algo de que se deva ter vergonha. Muito pelo contrário. É apenas um reconhecimento de padrões, não é? Já viu a mesma coisa tantas vezes durante a sua vida ou carreira, que já sabe o que vai acontecer desta vez. O instinto, por outras palavras, é uma familiaridade profunda, talvez até inconsciente — o tipo de conhecimento que nos diz tudo desde "Avança *agora*" até

"Nem pensar — *nunca*." Contudo, apostamos que a decisão instintiva mais comum se encontra entre os dois pólos — a reacção "oh-ou", na qual o nosso estômago nos informa que algo não está certo e que devemos descobrir o que é.

O segredo em relação ao instinto é, obviamente, saber quando confiar nele. É uma decisão fácil quando descobrimos, ao longo do tempo, que o nosso instinto geralmente está certo. Mas adquirir tal confiança pode demorar anos de experiências e erros.

Até chegar a esse ponto, sugerimos este método prático: as decisões de instinto são, normalmente, bastante úteis no que diz respeito a avaliar negócios e menos úteis no que diz respeito a escolher pessoas.

Não, não estamos a misturar as coisas. Embora os negócios cheguem até si com todo o tipo de análises de dados e previsões quantitativas detalhadas e as decisões sobre pessoas pareçam muito mais qualitativas, os números que suportam os processos de aquisições são apenas projecções. Às vezes, essas projecções são sensatas mas, noutros casos, não são muito mais do que um desejo. Alguma vez lhe apresentaram um negócio com uma projecção de DCRR[*] inferior a 20 por cento? Nunca! Bem, às vezes isso acontece porque um negócio é fantástico.

---

[*] **N.T.** *Discounted Rate of Return* – Taxa de Rentabilidade Interna, utilizada na avaliação de investimentos.

Mas outras vezes acontece quem propõe o negócio ajustou o valor residual do investimento de forma a que as receitas reflectissem as suas esperanças e desejos.

Por isso, no que diz respeito a analisar negócios, preste atenção aos números — é claro. Mas certifique-se de que o seu instinto também desempenha um papel importante na decisão final. Digamos que lhe pediram para investir num novo edifício de escritórios, mas ao visitar a cidade vê gruas por todo o lado. Os números do negócio são perfeitos, dizem-lhe; é *impossível* perder. Mas o seu instinto diz-lhe o contrário — essa sobrecapacidade está a um ano de distância e o investimento "perfeito" está prestes a valer 60 cêntimos por cada dólar. Tem poucos factos, mas tem a reacção "oh-ou".

A maioria das vezes, isso significa que deve cancelar o negócio, mesmo que isso enfureça os chamados pensadores racionais que estão tratar do assunto. É provável que mais tarde lhe dêem o mérito pelo pensamento profético (embora provavelmente com menos entusiasmo público do que desejaria).

Pelo contrário, confiar no nosso instinto durante o recrutamento nem sempre é uma boa ideia. A razão: o nosso instinto, frequentemente, faz com que nos apaixonemos por um candidato demasiado depressa. Vemos um currículo perfeito, com escolas de prestígio e uma vasta experiência. Vemos uma pessoa simpática que diz as coisas certas durante a entrevista. E mesmo que não o admitamos, demasiadas vezes também vemos uma pessoa que depressa irá conseguir acabar com um problema, nomeadamente o de um importante cargo em aberto. Por isso, com o nosso instinto a pressionar-nos, avançamos para fechar o negócio.

Vemos esta dinâmica em acção sempre que alguém nos telefona a pedir referências. Começam por afirmar com firmeza que apenas querem uma opinião sincera sobre o candidato em questão mas, assim que começamos a manifestá-la, conseguimos senti-los a desvanecer. A sua voz fica tensa; é quase como se dissessem: "Oh, por favor não me diga isso! Tudo o que precisava de si era uma aprovação!" Desligam o telefone o mais depressa possível.

Então, no que diz respeito às decisões de recrutamento, será melhor pedir aos seus colaboradores que consigam reunir o controlo da dúvida e a verificação do instinto, tal como você deve fazer. Isso significa procurar dados extra acerca de cada candidato. Vá para além do currículo. E, sim, faça chamadas para confirmar referências — e certifique-se de que se obriga a ouvir com atenção, especialmente mensagens contraditórias e revelações desagradáveis.

De um modo geral, as decisões de instinto assumem realmente um papel verdadeiro nos negócios. Não se preocupe muito em explicar isso aos seus chefes e aos accionistas. Eles também usam os seus instintos.

38

O QUE FAZ ALGUÉM UM BOM VENDEDOR

O aumento das receitas está no topo da minha lista de acções. O que devo procurar no recrutamento de bons profissionais de vendas?

WESTFIELD, NOVA JÉRSIA

Boas notícias. Está quase lá, pois compreende que os bons vendedores são diferentes de si, de nós, da maioria das pessoas. Aliás, são de uma espécie distinta.

O que não quer dizer que os vendedores não devam ter as mesmas qualidades que procura sempre que recruta alguém — integridade, inteligência, energia positiva, poder de decisão e capacidade de executar. Mas eles também necessitam de outras qualidades — quatro, para sermos exactos.

A primeira é uma enorme empatia. Os bons vendedores *sentem* com os seus clientes. Percebem as suas necessidades e pressões; *compreendem* os desafios do seu negócio. Vêm cada negócio através dos olhos do cliente. Sim, representam a empresa e, sim, querem que seja lucrativa. Mas são génios a contrabalançar os interesses da empresa e os interesses do cliente para que, mesmo no final de uma negociação difícil, os dois lados descrevam o processo como mais do que justo.

Sem surpresas, então, a segunda qualidade dos bons vendedores é a honestidade. A sua palavra é de confiança; os seus apertos de mão têm significado. Eles vêem cada venda como parte de uma relação de longo-prazo e os clientes geralmente respondem na mesma moeda.

Terceira, os bons vendedores têm uma poderosa mistura de motivação, coragem e autoconfiança. As decisões a frio são brutais. Ninguém gosta de as tomar. Mas os melhores vendedores querem tanto que o negócio cresça que se lançam nelas implacavelmente, dia após dia, e têm força interior para não encarar as inevitáveis rejeições a um nível pessoal. Respiram fundo e prosseguem.

Finalmente, os bons vendedores odeiam o modelo "carteiro" de fazer negócios. Sem ofensa para os distribuidores de correio! É dever deles entregar a correspondência num percurso estabelecido todos os dias. E os bons vendedores, sem dúvida, também fazem algo parecido, vendendo produtos actuais a clientes actuais. Mas não conseguem conter-se — também adoram sair do percurso estabelecido para procurar oportunidades de mercado. Os bons vendedores, por exemplo, pensam que faz parte do seu trabalho introduzir novas ideias do exterior, dizendo coisas como: "Sabem, se conseguíssemos fazer XYZ, conseguiríamos conquistar um mercado totalmente novo."

Neste aspecto, portanto, os melhores vendedores *são* como você. O crescimento das receitas também está no topo das *suas* listas de acções.

Mas, ao contrário do que acontece consigo ou com qualquer chefe que se preocupe com todo o género de outros assuntos organizacionais, o crescimento das receitas também está no meio e no fim da lista dos bons vendedores.

E é isso que torna os bons vendedores tão especiais — e tão valiosos.

■ ■ ■

39

O PISO ESCORREGADIO QUE É DAR
A CONHECER RESULTADOS

Dirijo uma pequena loja com apenas cinco colaboradores. Ultimamente, tenho andado a pensar em partilhar os pormenores financeiros com a equipa, na esperança de eles verem por que precisamos de ser eficientes a todas as horas, de todos os dias, e de minimizar o absentismo. Também espero que o facto de "expor" os nossos números possa desenvolver o trabalho de equipa e encorajar a inovação. Qual o vosso conselho?

CHERRY HILL, NOVA JÉRSIA

Certamente já ouviu dizer que nenhuma boa acção está livre de consequências. Bem, poderá vir a comprová-lo em breve.

Não estamos a depreciar a transparência! Normalmente, quanto mais informação partilhar com os seus colaboradores sobre os custos e outros desafios competitivos, melhor. É como sugere — quando as pessoas sabem o que têm de enfrentar, têm um maior sentido de pertença e de urgência, muitas vezes provocando melhorias internas em termos de processos e de produtividade. E o sentimento de que "estamos todos juntos nisto" pode, sem dúvida, impulsionar o trabalho em equipa e a inovação.

Mas...

Existem verdadeiros perigos na partilha dos resultados, sendo o principal o facto de que é muito difícil não dar a conhecer tudo. Assim que começar a "expor" os custos para que façam sentido, também tem de expor as receitas e os lucros.

Por isso, tem a certeza de que está à vontade com o facto de a equipa saber quais os lucros do negócio? É que, naturalmente, irão comparar os números com o que eles ganham e, mais tarde, serão capazes de extrapolar o tamanho da fatia que você recebe — e eles não.

A diferença pode ser algo que esteja disposto ou orgulhoso de explicar. Se for esse o caso, então provavelmente não existe qualquer desvantagem em partilhar os detalhes financeiros com a sua equipa. Mas lembre-se que todos os colaboradores, não importa a dimensão da empresa, têm na cabeça uma escala de pagamento pessoal que calcula o que ele e cada um dos seus colegas vale, tendo por base o desempenho e os resultados deles. Se ficar com a sensação de que a sua decisão de partilha de informação vai instigar essas ideias, então não faça isso para já e tente descobrir outra forma, talvez menos perigosa, de fazer com que a sua equipa se preocupe com o trabalho, tal como você.

■ ■ ■

40

PREVENIR UM KATRINA EMPRESARIAL

O modo como lidaram com o Katrina em Nova Orleães foi um enorme desastre. Que lições a nível organizacional podemos retirar do que correu mal?

NEWARK, DELAWARE

O furacão Katrina foi, tristemente, a tempestade perfeita, durante a qual várias coisas terríveis aconteceram ao mesmo tempo. A natureza desferiu um golpe devastador e várias agências governamentais que deviam (e podiam) ter ajudado fizeram muito pouco. É lamentável, mas nos próximos anos as pessoas ainda estarão a fazer a triagem de todos os "donos" da crise do Katrina.

Mas já é óbvio, porém, que um desses donos é a FEMA*, que tecnicamente tinha ultra-responsabilidades na resposta governamental ao furacão Katrina. Como todos

---

* **N.T.** *Federal Emergency Management Agency* – Agência Federal de Gestão de Emergências.

PRINCÍPIOS E PRÁTICAS DE GESTÃO

sabemos, a FEMA basicamente desmoronou-se durante a tempestade num frenesim de burocráticos sinais físicos de preocupação e atirar as culpas.

É fácil alguém sentir-se frustrado, ou pior, com o desempenho da FEMA durante o furacão Katrina. Mas, ao mesmo tempo, a FEMA é o exemplo perfeito de uma dinâmica organizacional totalmente comum: aquilo que acontece quando uma parte da organização é órfã, negligenciada e afastada para longe. No mundo dos negócios, as divisões, equipas ou departamentos que são órfãos são, normalmente, vendidos ou fechados. Em Nova Orleães, as consequências da orfandade foram muito mais trágicas.

A FEMA era uma órfã organizacional, se tal alguma vez existiu. Durante décadas, foi uma entidade federal independente relativamente pequena, com a clara missão de proteger pessoas e bens durante desastres naturais. Nessa qualidade, a FEMA teve um bom desempenho. Em 2003, no entanto, a FEMA foi enfiada no Departamento de Segurança Interna, uma entidade federal em crescimento descontrolado com a missão de proteger os norte-americanos de desastres *não* naturais, isto é, de ataques terroristas.

Isto é que foi perder relevância! Os chefes na Segurança Interna estavam compreensivelmente preocupados com os atentados à bomba em comboios, como os de Madrid, e no metro, como os de Londres, sem falar em aviões a voarem contra edifícios e em armas químicas. As verdadeiras situações de vida ou morte. A FEMA estava preocupada com o vento e a chuva, com sismos e tornados. Estava a quilómetros de distância de uma missão importante. É o que acontece sempre aos órfãos.

E, por isso, quando os órfãos gritam por ajuda, a liderança da missão de extrema importância geralmente não salta. Nem sequer ouve chamar. Não temos a certeza, mas no caso do Katrina parece que foi isso que aconteceu.

A lição a retirar para as organizações é nunca deixar os órfãos chegar a sê-lo ou reorientá-los se tal acontecer. Se uma equipa, departamento ou divisão inteira parecer à margem da missão da grande organização, coloque-a algures na empresa onde fique mais perto da estratégia central ou venda-a. Porque se deixar os órfãos andar por lá perdidos, pode ter a certeza que não resultará em nada de bom. Veja o que aconteceu com a Frigidaire, a unidade de fabrico de electrodomésticos da General Motors, que foi pioneira na indústria e manteve uma forte posição de liderança no mercado durante décadas. Os electrodomésticos dificilmente faziam parte da missão mais importante da GM — como seria em qualquer empresa automóvel — e a Frigidaire nunca recebeu da sede as pessoas e os recursos de que precisava. Quando foi vendida em 1979 à White Consolidated Industries, tinha perdido grande parte da sua quota de mercado e encontrava-se numa posição competitiva significativamente mais fraca.

Existiram muitos órfãos na GE; a maioria das grandes empresas tem órfãos. Enquanto se atribuía em abundância dinheiro e atenção aos motores de alta potência, o negócio dos motores pequenos foi relegado para um estado de negligência não muito benigno. E teria perdido completamente o mercado em crescimento de motores a jacto para aviões de voos diários regulares se não fosse um dos seus gestores seniores, que exigiu que fosse levado a sério. Ele provou como e porquê a contribuição dos pequenos motores para o novo negócio dos motores a jacto para aviões de voos diários regulares podia ser uma missão de extrema importância para a GE e, mais tarde, a divisão recebeu os recursos que merecia e de que precisava para crescer.

Foi uma história com um final feliz. A realidade é que as histórias de muitos órfãos que, ao longo dos anos, existiram na GE tinham enredos que se pareciam muito mais com a Frigidaire. Portanto, uma grande lição a retirar do furacão Katrina é que o mundo dos negócios tem que estar sempre em reaprendizagem. Deixar uma parte de uma organização permanecer órfã e confusa numa posição muito afastada da missão mais importante pode ter consequências terríveis.

Não é uma questão de "se". É uma questão de "quando".

■ ■ ■

41

O QUE ESTÁ A TRAVAR AS MULHERES

Ainda não existem muitas mulheres CEO e, em alguns países, nem sequer existem muitas mulheres executivas. Qual é a verdadeira razão para as mulheres não conseguirem evoluir para posições de topo no mundo empresarial?

NEW BERN, CAROLINA DO NORTE

A resposta fácil à sua pergunta é que o mundo empresarial é fundamentalmente sexista. Os homens nos cargos de chefia não querem que as mulheres tenham sucesso e conspiram para que isso aconteça ao não promoverem mulheres ou pagando-lhes salários baixos, ou as duas coisas. Esta é a explicação denominada "os homens são Neandertais" para o facto de haver uma sub--representação das mulheres no mundo dos negócios e, tristemente, em alguns países e empresas este é o *statu quo*. Principalmente como resultado de tradições culturais e preconceitos enraizados, existem homens que simplesmente pensam que o lugar das mulheres não é em ambientes empresariais e associam-se para criar

PRINCÍPIOS E PRÁTICAS DE GESTÃO

ambientes de trabalho onde as mulheres não possam progredir, mesmo que se esforcem imenso. Esta associação geralmente é subtil e sub-reptícia. Por vezes, os próprios homens não se apercebem que estão a fazê-lo. De qualquer forma, estão e as mulheres é que pagam.

Existe uma segunda resposta, menos fácil, para a sua pergunta; e dizemos menos fácil porque, cada vez que falamos acerca dela em discursos, provoca no público um verdadeiro sobressalto de desconforto. A resposta é "biologia". Existem muito poucas mulheres CEO e um número desproporcionalmente baixo de mulheres executivas seniores porque as mulheres têm bebés. E apesar do que alguns especialistas sociais sérios mas mal orientados lhe podem dizer, isso é importante. Porque, quando as mulheres profissionais decidem ter filhos, frequentemente decidem cortar nas horas de trabalho ou viajar menos. Algumas mulheres mudam completamente de emprego, para cargos inferiores com maior flexibilidade mas muito menos visibilidade. Ainda mais mulheres, na verdade, abandonam por completo a força laboral. Aliás, um inquérito de 2002 realizado pela Harvard Business School às suas ex-alunas das turmas de 1981, 1986 e 1991 mostrou que 62 por cento tinham abandonado o mundo profissional. É verdade — de todas as mulheres que se tinham licenciado nesses anos, muitas tendo conseguido, imediatamente, emprego em consultoria, finanças e gestão de linha, apenas 38 por cento estavam ainda a trabalhar a tempo inteiro, dez, 15 e 20 anos mais tarde. (A investigação mostrou que algumas das mulheres que disseram estar "em casa," estavam, na verdade, a trabalhar em *part-time* ou como *freelance*.)

As escolhas de carreira que as mulheres fazem quando têm filhos são totalmente pessoais e absolutamente aceitáveis — claro que são! — mas têm ramificações. Estas escolhas têm particularmente tendência para atrasar o progresso nas carreiras.

Isso é mau? Pensamos que não. É a vida. Todas as escolhas têm uma consequência. Enquanto mãe trabalhadora, se decidir tirar um período de descanso, trabalhar menos horas ou viajar menos, ganha algo de valor incomensurável: mais tempo com os seus filhos. Também abdica de algo: um lugar num mundo ultra-rápido. No mundo nos negócios — onde os chefes são pagos para ganhar, com os accionistas a aplaudi-los — esses lugares, normalmente, vão para quem tem maior disponibilidade e compromisso.

Mas, pode perguntar, e o talento? O talento não importa? Felizmente, a resposta é "sim" e o talento é, muitas vezes, a salvação para as mulheres que querem ter família e progredir na carreira ao mesmo tempo. Porque se for uma mãe trabalhadora que é realmente boa no seu emprego e apresenta bons resultados, a maioria dos chefes dar-lhe-á a flexibilidade que deseja e precisa para o bem dos seus filhos. Mas primeiro tem de ganhar essa flexibilidade — através do desempenho. Isso leva o seu tempo; aliás, pode levar anos, que é demasiado tempo para muitas mães aguentarem. E, por isso, desistem, diminuindo o número de mulheres candidatas a serem promovidas, que é ainda outra razão por que as mulheres progridem mais lentamente do que os homens. Talvez um dia, a natureza do trabalho mude de uma forma que torne possível os homens e as mulheres povoarem os lugares seniores das empresas em igual número. As empresas nunca podem deixar de tentar que isso aconteça ao apoiarem as mulheres através de formação e de oportunidades, e certificando-se de que todos os preconceitos sexuais são eliminadas do sistema. Muitas boas empresas, hoje em dia, já deram passos de gigante na criação de ambientes de trabalho onde as mulheres podem arranjar soluções criativas de trabalho em *part-time*, de modo a segurarem as suas carreiras enquanto os seus filhos são pequenos.

Mas enquanto o progresso profissional for baseado, até certo ponto, na disponibilidade e no compromisso, enquanto as mães quiserem passar algum tempo com os filhos, as carreiras das mulheres irão ter um caminho diferente e mais sinuoso do que as dos homens. E, acredite ou não, muitas mães trabalhadoras não iriam querer que fosse de outra forma.

■ ■ ■

42

PAGAR EXORBITÂNCIAS PELO FRACASSO

O que pensam sobre os pacotes de indemnizações obscenos que estão a ser concedidos aos CEO que basicamente não tiveram sucesso nessa função? Enquanto (pequeno) accionista e gestor intermédio que "dá o litro" por cinco dígitos, essa situação deixa-me louco.

MIAMI, FLORIDA

Não é o único, mas certifique-se que aponta a sua raiva na direcção certa — que pode não ser na direcção dos CEO que recebem grandes compensações. Tudo o que eles fizeram foi dizer "Sim, obrigado," quando lhes ofereceram um grande pacote. Gananciosos? Talvez. Mas, mais frequentemente, são apenas os beneficiários de uma dinâmica perturbadora e comum que começa na administração.

O que nos leva aos verdadeiros culpados desta situação: os administradores da empresa. Eles estão por detrás de muitas confusões acerca dos pagamentos de indemnizações por uma razão principal: falharam nos planos de sucessão.

Sim, planos de sucessão. Tem muito a ver com o pagamento de indemnizações. Porquê? Porque muitos dos acordos de compensação "obscenos" que o incomodam tanto não foram criados quando o CEO não cumpridor foi despedido. Foram planeados muito antes, quando o novo CEO foi *recrutado* do exterior porque a administração não conseguiu, ao longo de muitos anos, desenvolver uma fonte interna de talento.

Mas os CEO promovidos internamente não são baratos. O típico *insider* designado para o cargo de topo terá um aumento de salário substancial, importantes recompensas relacionadas com o desempenho, uma grande quantidade de novas regalias e um escritório maior. Mas o negócio torna-se ainda melhor quando um "cavaleiro branco" tem de ser aliciado a entrar a galope para salvar a empresa de si própria. O salvador recebe tudo o que um *insider* recebe — mais a garantia de um grande prémio de consolação mesmo se ele ou ela falhar. E, de facto, essa última parte é, geralmente, a razão pela qual o acordo é selado; sem uma protecção de retaguarda, nenhum *outsider* aceitaria estas posições arriscadas.

Nem todas as confusões no que diz respeito a indemnizações estão relacionadas com CEO externos, é claro. Às vezes, os CEO internos falham e são mandados embora com mais dinheiro do que parece que merecem. Isso também pode ser humilhante, mas a dinâmica de que estamos a falar é diferente. Começa quando uma administração precisa de um novo CEO e, ao observar internamente, apercebe-se de que, "ups!", esquecemo-nos de fazer planos para esta situação. Depois contratam um *headhunter*[*], cujo desejo de recrutamento acertado apenas encontra rival no nível de pânico da administração. A dinâmica fica completa quando um candidato, aparentemente perfeito, é identificado — geralmente num emprego maravilhoso e seguro que ele ou ela não tem intenção de abandonar. A não ser, é claro, que o negócio seja perfeito.

Um exemplo disto foi o que aconteceu na Hewlett Packard. Em 1999, quando a administração decidiu mudar de CEO, a falta de candidatos internos lançou os *headhunters* numa busca nacional. Depressa encontraram Carly Fiorina a trabalhar arduamente e com sucesso na Lucent Technologies. Foi contratada no meio de grande pompa, arrancada da sua confortável situação com, é escusado dizer, uma oferta que não podia recusar.

Mas, como toda a gente sabe, o mandato de seis anos de Carly na HP esteve repleto de discórdias na administração, tantas que se poderia pensar que quando fosse demitida o seu presente de despedida seria modesto. Mas os cerca de 40 milhões de dólares não foram nada modestos e desencadearam protestos generalizados, em grande parte dirigidos

---

[*] **N.T.** Alguém cuja actividade consiste em procurar, seleccionar e propor executivos de topo para as empresas.

a Carly. Mas então e a administração da HP? Sem dúvida, *eles* negociaram a indemnização — e fizeram-no quando Carly entrava pela porta, ao som de trombetas, e não quando esta se fechava com um estrondo, nas suas costas.

O caso da HP não é o único, embora, por vezes, o final seja mais feliz. Vejamos, por exemplo, o caso de Ed Breen e da Tyco. Em 2002, a Tyco foi atingida por um desastroso escândalo contabilístico e o CEO foi afastado. De novo, a administração recorreu aos *headhunters*, que rapidamente puseram os olhos em Ed, um respeitado executivo da Motorola.

Mas Ed não ia desistir de uma carreira de sucesso numa empresa imaculada para limpar o caos na Tyco por uma oferta vulgar. Não admira que a administração se tenha sentido obrigada a fazer marcha-atrás com um camião Brink (metaforicamente, é claro) para descarregar um novo pacote de indemnização à porta dele. Esse pacote continha uma forte componente de desempenho, mas pode ter a certeza que, para fazer com que o risco de gerir a Tyco valesse a pena para Ed, também continha muitas cláusulas de protecção para o caso de as coisas não correrem bem. Felizmente, Ed está a fazer um bom trabalho na Tyco, portanto os termos do seu pacote de indemnização são discussões irrelevantes.

Então, para voltar à sua pergunta acerca do que pensamos sobre os obscenos pacotes de indemnizações — achamos que são terríveis. Mas a culpa não é só dos CEO que os levam para o banco. Em muitos casos, foram recrutados para situações de emprego arriscadas sob condições definidas pela parte contratante.

Mas, em primeiro lugar, é pena que tivessem sido comprados. É pena as administrações não terem gasto energia suficiente a desenvolver os candidatos internos. Na realidade, eles têm apenas um trabalho mais importante do que este: orientar e apoiar o actual CEO.

Infelizmente, este problema irá, provavelmente, piorar à medida que avançamos. A razão: a Lei Sarbanes-Oxley levou muitas administrações a um estado de frenética microgestão de actividades fora da sua competência. Hoje em dia, muitas administrações estão mais preocupadas com pequenos pormenores contabilísticos do que com o desenvolvimento das pessoas, incluindo os planos de sucessão. É pena. As administrações não podem fazer o trabalho de gestão. Apenas podem certificar-se de que a gestão certa está em funcionamento, agora e no futuro.

Portanto, estamos consigo em relação a esta questão. Não o culpamos por querer gritar. Os grandes pacotes de indemnizações atribuídos aos CEO sem sucesso fazem--nos questionar todo o sistema capitalista. Mas se decidir avançar, certifique-se apenas de que, se o CEO foi recrutado fora da empresa, dirige a sua denúncia a quem a merece — não ao alvo mais fácil, mas ao mais acertado.

■　■　■

CARREIRAS

▪ Sobre a Vida, a Liberdade e a Procura de uma Promoção

Sem dúvida, a maioria das perguntas que recebemos, quer por *e-mail* quer pessoalmente, são sobre a gestão de carreiras ou, sem tantos eufemismos, acerca de como progredir. Algumas perguntas dizem respeito a questões simples e muito directas, tais como se ter um MBA é realmente importante e como provocar impacto numa entrevista de emprego. Mas outras são mais delicadas e envolvem escolhas de vida complexas e situações sensíveis com colegas e chefes. De qualquer modo, quase todas as perguntas sobre carreiras partilham uma característica: intensidade emocional. A motivação para ter sucesso é importante e muito pessoal. Todos queremos progredir na vida e no trabalho e — como dizemos no grupo de perguntas que se segue —, com a forma de pensar certa, existe sempre uma maneira de isso acontecer.

43

O QUE DEVO FAZER COM A MINHA VIDA?

Sou estudante e apresento-vos o que pode parecer uma importante pergunta: Como é possível percebermos o que havemos de fazer com as nossas vidas? Tenho lido muitos livros e participado em inúmeras actividades para ver se me ajudam a decidir, mas nem sequer consegui ainda dar o primeiro passo no percurso da minha carreira. Podem ajudar-me?

MEDAN, INDONÉSIA

Podemos ajudá-lo essencialmente ao dizer-lhe que não está sozinho. Muitos jovens sentem-se confusos no início da sua carreira. Vêem todos os seus amigos e colegas arranjar empregos de progresso rápido com salários elevados — ou pelo menos assim parece. Ouvem os pais dizer-lhes para trabalharem aqui ou ali, para tirarem alguma pós-graduação ou outra especialização. E, tal como você, lêem livros e participam em programas criados para os ajudar com a pergunta "O que devo fazer com a minha vida?" — mas a abundância de respostas apenas confunde mais as coisas.

É suficiente para o fazer entrar em pânico, o que parece ser a sua situação actual. E isso não faz mal; é natural. Mas não o ajuda a avançar.

Para isso, tem de aceitar o facto de a maioria das carreiras não se iniciar com uma grande decisão sobre onde quer ir e com um jogo inteligente sobre como chegar até lá. Não, a maioria das carreiras são cíclicas. Começam com um emprego, de certo modo apelativo — isto é, um emprego que parece que *pode* combinar bem com as suas competências, interesses e objectivos. Geralmente, esse emprego acaba por não ser exactamente o certo e, então, leva-o a outro emprego que, de certo modo, é mais adequado, que o conduz a outro emprego ainda mais adequado. E por aí em diante, até que um dia — geralmente anos depois de ter começado — vai estar no emprego que, na verdade, esperou durante toda a sua vida, o emprego que lhe transmite significado e objectivos. A função de que desejava ter tido conhecimento quando começou, mas tal era *impossível* — simplesmente porque ainda não tinha começado a trabalhar.

Mas, sabe, mesmo esse emprego "perfeito" não estará isento de dificuldades e tribulações. Pode lá estar há seis meses e depois apanhar um chefe horrível. Ou a sua empresa pode ser comprada e a sua função mudar ou acabar por completo. E o seu percurso terá de recomeçar.

O que queremos dizer é que as carreiras são longas e imprevisíveis. Raramente são lineares. Andam aos "ziguezagues", param e começam, e dão muitas voltas inesperadas. O trabalho árduo e o talento são importantes e a sorte também desempenhará o seu papel.

Nesta altura, o essencial para si é apenas começar. Informe-se sobre empresas em crescimento, tendências de mercado emergentes, pessoas influentes e novos fenómenos culturais. Fale com pessoas de diferentes profissões e com histórias de vida variadas. Vá a entrevistas. Faça perguntas. Reflicta sobre tudo, com a cabeça e com o coração. E, a propósito, este último dir-lhe-á, provavelmente, o mesmo que o primeiro.

Depois aja — aceite um emprego. Lembre-se que não tem de ser *o* emprego. Apenas tem de ser um emprego que lhe pareça suficientemente bom para começar.

O emprego que o *chama* — a carreira para a qual estava destinado — surgirá. E fará parte de um percurso de vida que irá percorrer, como a maioria de todos nós, dando um passo de cada vez.

■ ■ ■

44

ESCOLHER O CAMINHO CERTO

Tenho 17 anos e estou a preparar-me para a universidade. Estou a pensar estudar português mas, na vossa opinião, que língua devo aprender para ter sucesso no mundo dos negócios? E quais são as áreas de estudo que têm mais potencial?

TÁBOR, REPÚBLICA CHECA

Vai no bom caminho com o português, visto que lhe dará uma grande vantagem em vários mercados com grande potencial como o Brasil e alguns países africanos emergentes. Mas, na nossa opinião, o chinês é a língua a aprender. No decurso da sua carreira, poderá tornar-se na segunda maior economia do mundo. Qualquer europeu que consiga fazer negócios lá com a rapidez e a intimidade que a fluência concede estará muito à frente dos acontecimentos.

Quanto à área que quer estudar, se quiser estar onde está a acção, agora e nas próximas décadas, aprenda tudo o que puder acerca da confluência de três áreas: biotecnologia, tecnologias da informação e nanotecnologia. Num futuro previsível, as terapias, as máquinas, os aparelhos e outros produtos e serviços que estas áreas trazem para o mercado irão revolucionar a sociedade — e os negócios.

Assim, no que diz respeito a escolher uma área de estudo e, por fim, uma carreira, nada é melhor do que seguir o caminho que fascina verdadeiramente o seu cérebro, que atrai a sua energia e que toca a sua alma. Seja o que for, faça o que o inspira. De outro modo, o seu trabalho será apenas um emprego e isso é muito aborrecido...

■ ■ ■

45

EU SOU QUEM SOU

Conquistei muito como líder e ainda quero crescer e avançar para cargos mais desafiantes, mas não consigo causar impacto nas entrevistas. Penso sempre que sou a pessoa certa para o lugar, mas as respostas certas só me ocorrem quando a entrevista acaba. Qual o vosso conselho?

JOANESBURGO, ÁFRICA DO SUL

A sua pergunta faz-nos lembrar uma ocasião em que um de nós fazia parte de um processo de recrutamento onde um jovem candidato altamente qualificado entrou com um ar importante na sala e começou a sua entrevista dizendo: "Bem, vamos lá ver como é que isto funciona. São vocês que fazem as perguntas ou faço-as eu?". Escusado será dizer que esta abordagem não convenceu ninguém.

Você não tem este problema — muito pelo contrário. Mas parece que também não está a chegar ao coração de ninguém. Supomos que é por estar demasiado preocupado em tentar chegar aos "cérebros" com respostas bem elaboradas.

Isso está errado. O seu currículo é o espelho das suas referências. É claro, pode usar as entrevistas para detalhar ou preencher lacunas na sua especialização. Mas, com base na sua pergunta, parece ser mais importante mostrar ao seu potencial chefe quem você realmente é. Isto é, um líder que se preocupa apaixonadamente com o seu trabalho e com a sua equipa. Um colega que consegue rir, ouvir e preocupar-se. Alguém que é verdadeiro e que tem interesses e amigos fora do trabalho, que possui maturidade, autoconhecimento e a capacidade de se envolver emocionalmente.

De facto, em qualquer entrevista, a sua característica atractiva pode ser a sua autenticidade. Por isso, pare de representar e seja você próprio. O impacto positivo que deseja está, provavelmente, dentro de si, se o conseguir libertar.

■　■　■

46

SERÁ QUE UM MBA FAZ REALMENTE A DIFERENÇA?

Reparei ao longo dos anos que quem possui um MBA, independentemente da instituição que o conferiu e apesar de ter menos experiência e um currículo menos prestigiante do que o meu, arranja posições melhores, especialmente em cargos executivos de topo e de liderança. Isto intriga-me. O que é que há num MBA que transforma um licenciado num vencedor automático?

DURBAN, ÁFRICA DO SUL

Não temos dúvidas que um MBA é um selo de aprovação. As pessoas gostam de referências e, embora alguns MBA tenham mais prestígio do que outros, qualquer MBA separa quem o detém dos restantes. Talvez seja um fenómeno surpreendente para si, mas não é nada de novo.

Tem de entender uma coisa — o impacto de um MBA apenas é bom durante um ano ou pouco mais. Ajuda um licenciado a ter um salário inicial mais elevado ou a arranjar um emprego melhor logo à partida, ou ambas as coisas.

E cria uma espécie de efeito surpresa. Presume-se que quem detém um MBA é inteligente e competente; os seus chefes lidam com eles com esperança e, em muitos casos, dão-lhes mais oportunidades de contribuírem e de crescerem.

Contudo, o *desempenho* de quem tem um MBA entra em acção rapidamente e, na maioria das organizações, é só isso que importa. Quem tem um MBA notabiliza-se ou afunda-se — e este grau superior acaba sempre por ser esquecido. Nos negócios, a sua verdadeira referência, no fim de contas, são os seus resultados.

Por isso, quando observar aqueles à sua volta que têm MBA e que parecem ser "vencedores automáticos", olhe para além dos seus diplomas. Apostaríamos que eles estão a fazer muito mais do que andar com um papel na mão. Muito provavelmente, estão a ultrapassar o prometido em termos de desempenho e a assimilar os valores da empresa, demonstrando-os através do seu comportamento diário. Para além de tudo isto, é provável que transpirem uma atitude dinâmica e positiva, enfrentando desafios difíceis com uma saudável mistura de optimismo e de realismo. Por fim estão, certamente, a fazer com que os outros à sua volta façam boa figura, ao partilharem os créditos e ao desenvolverem a equipa.

CARREIRAS

Por outras palavras, apostaríamos que estão a fazer a empresa progredir de um modo significativo. Estão a fazer a diferença.

Não nos interprete mal. Não estamos, de modo algum, a desencorajar ninguém a tirar um MBA. É uma credencial de peso — apoia o espírito crítico e apresenta-lhe importantes conceitos de Gestão que serão ensinados numa sala de aula por um professor inteligente e debatidos pelos seus pares influentes. Dá-lhe um bom salário inicial e maior visibilidade mais cedo. Mas a vantagem de um MBA apenas dura um certo tempo, após o qual o desempenho tem primazia.

Por isso, observe outra vez. Os "vencedores automáticos" que vê à sua volta provavelmente não são, de todo, "automáticos". Conquistaram o sucesso não apenas por causa de uma credencial conferida por um diploma, mas devido ao seu desempenho desde então.

■ ■ ■

47

CARO LICENCIADO

Enquanto jovem ambicioso de 22 anos a preparar-se para entrar no mundo empresarial, como posso destacar-me rapidamente como vencedor?

CORVALLIS, OREGON

Em primeiro lugar, esqueça alguns dos hábitos mais básicos que aprendeu na escola. Quando estiver no mundo real — e não interessa se tem 22 ou 62 anos, a iniciar o seu primeiro ou quinto emprego — a maneira de alcançar o sucesso é superar o prometido.

Veja, durante anos ensinaram-lhe as virtudes de cumprir expectativas específicas. E foi habituado que responder correctamente a todas as perguntas que o professor faz dá direito a um 20.

Esses dias acabaram. Para ter um 20 no mundo dos negócios tem de aumentar as expectativas da empresa em relação a si e ultrapassá-las, e tem de responder correctamente a todas as perguntas que o "professor" lhe fizer, e *ainda* a uma grande quantidade de perguntas de que ele ou ela não se lembraram.

Por outras palavras, o seu objectivo deve ser tornar os seus chefes mais astutos, a sua equipa mais eficaz e toda a empresa mais competitiva devido à sua energia, criatividade e visão.

E pensava que estudar era difícil!

Mas não entre em pânico. Chegue lá e comece a pensar em grande. Se o seu chefe lhe pedir um relatório acerca das expectativas para um produto da sua empresa para o próximo ano, pode ter a certeza que o seu chefe já tem uma ideia sólida da resposta. Por isso, vá para além do mero trabalho de confirmar o palpite dele. Faça investigação, trabalho de campo e processamento de dados extra, a fim de lhe dar algo que realmente alargue o seu pensamento — uma análise, por exemplo, de como toda o sector de actividade poderá desenrolar-se nos próximos três anos. Que novas empresas e produtos poderão surgir? Que tecnologias poderão alterar o jogo? Poderá alguém, talvez a sua própria empresa, deslocalizar a produção para a China?

Por outras palavras, dê ao seu chefe algo que o surpreenda e impressione, algo novo e interessante que ele possa transmitir aos *seus* respectivos chefes. Com o tempo, este tipo de ideias fará com que a empresa e você progridam.

Mas tenha cuidado. Quem se esforça por ultrapassar o prometido pode autodestruir-se rapidamente se as suas sugestões grandes, maravilhosas e excitantes forem vistas pelos outros como presunção sem limites ou como forma de ascensão não muito subtil — ou ambas as coisas.

É verdade — a ambição pessoal pode ser um tiro pela culatra.

Mas não estamos a dizer que deve refrear a sua ambição. Aliás, deve tê-la — ter muita. Mas assim que ostentar desejo de ascensão de carreira, corre o risco de alienar os outros, particularmente os seus pares. Depressa começarão a duvidar dos motivos do seu trabalho árduo. Depressa começarão a ver todos os comentários que fizer acerca de, por exemplo, como a equipa podia funcionar melhor como intrigas políticas. E acabarão por encará-lo como alguém em constante luta para chegar ao topo e, a longo prazo, esta é uma conotação de que mesmo os que têm desempenho de nota 20 não se conseguem livrar.

Por isso, exceda o prometido — mas não revele a ninguém o seu desejo de se destacar como vencedor. Tornar-se-á um mais depressa.

■　■　■

48

GRANDE EMPRESA OU *START-UP*?

Na próxima Primavera acabarei a licenciatura numa grande universidade, sou solteiro e não tenho qualquer dívida. De momento tenho duas opções. Posso voltar para a grande empresa onde fiz um estágio de Verão e onde fazia um trabalho de que gostava "mais ou menos", com quem gostava "mais ou menos". Ou posso ir para uma *start-up* com três amigos, o que representa riscos mas que pode ser muito giro. O que devo fazer?

PALO ALTO, CALIFÓRNIA

Com 21 anos de idade, sem um único empréstimo, por que é que haveria de escolher ir para um cubículo numa empresa onde fará um trabalho de que gosta *mais ou menos*? Para fazer os seus pais felizes? Para fazer boa figura em relação aos seus colegas? Não faça isso! Aliás, na sua situação, nem sequer se preocupe se, quando souberem do seu novo emprego, aqueles que mais gostam de si reajam dizendo: "Vais fazer *o quê*?"

Se existe uma altura para arriscar, explorar opções e tentar alcançar algo para além do razoável, essa altura é agora. Pode ser cauteloso mais tarde, quando tiver um apartamento na cidade e uma casa no campo e as propinas dos dois filhos para pagar. E se a sua companheira adorar viagens de luxo, pintura cara e, mais assustador de tudo, se gostar de cavalos.

Neste momento, está mais livre do que nunca. E ainda tem uma excelente referência pendurada na parede. Por isso, aproveite o que tem: a abertura de espírito para experimentar, a possibilidade de viver sem grandes gastos e a permissão que a maioria das culturas dão aos jovens para correr riscos e falhar algumas vezes.

Provavelmente, estes presentes não lhe surgirão outra vez. Aproveite-os.

■ ■ ■

49

COMEÇAR COM AUTOCONFIANÇA

Sou um jovem acabado de sair da universidade, cheio de ambição, ideias criativas e com um desejo ardente de conquistar muitas coisas na minha vida, mas há uma coisa que me faz hesitar: o medo de fazer asneira. Como posso ganhar alguma coragem?

JOANESBURGO, ÁFRICA DO SUL

Não precisa exactamente de "coragem" — precisa de autoconfiança. Sem ela não vai a lado nenhum, mas isso você já sabe.

Apenas você sabe porquê e como a autoconfiança o iludiu até agora. Talvez não tenha nascido com muita, já que, ao que parece, também é uma questão de genética. Mas, indiscutivelmente, a autoconfiança é uma característica que pode ser desenvolvida. Alguns recebem-na no colo da mãe, onde ouvem pela primeira vez a feliz notícia de que todos os seus comentários brilhantes o qualificam para o prémio Nobel, ou que são mais altos, mais inteligentes e certamente mais bonitos do que todas as outras crianças do bairro. Outros ganham-na com as boas notas que os distinguem, ou no desporto na escola, quer marquem golos ou sejam eleitos capitães.

Mas não existem regras sobre onde começa a autoconfiança. Conhecemos um empreendedor de 27 anos da Eslovénia que ganhou autoconfiança ao ver o pai lutar para iniciar uma pequena empresa de ferramentas mecânicas em 1991, literalmente dias após o país se ter tornado independente da Jugoslávia. Hoje, este jovem corajoso, tendo terminado recentemente um MBA nos EUA, está a meio do processo de iniciar a sua própria empresa mundial de tecnologia e não vê limites no seu futuro.

Também conhecemos um gestor de fundos de investimento de sucesso de Nova Iorque que conquistou a sua primeira grande dose de autoconfiança na adolescência, quando aprendeu a manobrar sozinho um pequeno barco e passou o Verão a pescar anchovas e robalos riscados nas águas agitadas da baía de Cape Cod. "Depois disso," contou-nos, "pensava que podia fazer tudo."

Podia? Claro que não. Durante a sua longa carreira, de certeza que este gestor de fundos de investimento fez muitas vezes asneira. Ele iniciou uma empresa de comunicação no último ano na universidade, desenvolveu-a até ter cem colaboradores e 40 milhões de dólares em vendas; depois, perdeu-a numa batalha legal dolorosa e prolongada com um antigo sócio. Anos mais tarde, tentou iniciar uma empresa de consultoria, que sobreviveu seis meses. Mas se esses incidentes geraram medo, o profundo reservatório de autoconfiança deste empreendedor ultrapassou todos os receios.

Precisa de começar a criar um reservatório desse tipo para si, mesmo que tenha de ser a partir do nada.

Como? Não com planos grandiosos engendrados para catapultá-lo para a fama e fortuna e para reprimir, de uma vez por todas, o seu medo de falhar. Muitos acreditam que um grande sucesso público resolverá os seus problemas de autoconfiança para sempre.

Isso apenas acontece em filmes.

Na vida real, é a estratégia oposta que funciona. Chamemos-lhe "abordagem pequenas vitórias".

Para começar, estabeleça um objectivo realista, seja no trabalho ou em casa. Mantenha esse objectivo alcançável e controlado; não estique demasiado as expectativas em relação a si próprio logo na primeira vez.

Depois atinja esse objectivo e sinta-se bem. Deve fazê-lo.

A seguir, estabeleça um objectivo ligeiramente maior, algo de certo modo mais arrojado que seja um desafio suficiente para colocá-lo ligeiramente fora da sua zona de conforto. Atinja esse objectivo e sinta-se ainda melhor. E assim em diante, até estar numa marcha lenta e constante para a frente, construindo autoconfiança passo a passo.

E esta desenvolver-se-á. Um de nós (Jack) fez o seu primeiro discurso há cerca de 40 anos atrás. Foi um acontecimento estranho, que estimulou algum pânico, e foi fortemente ensaiado e praticado em frente ao espelho durante semanas, na esperança de não gaguejar, e depois lido a partir de folhas cuidadosamente dactilografadas com todo o à-vontade de um homem numa camisa-de-forças. O discurso durou apenas 15 minutos; contudo, foram (alegadamente) os mais longos alguma vez vividos.

Mas não há nada mais eficaz do que enfrentar um desafio progressivamente, crescendo e aprendendo em todas as vezes. Depois de ter feito discursos durante décadas para todo o tipo de audiências, hoje responder a perguntas sem anotações, à frente de centenas de pessoas, é para Jack o oposto do pânico; é divertido.

Mas, sem dúvida, irá fazer asneira pelo caminho à medida que tenta desenvolver a sua autoconfiança. Nenhum dos discursos de Jack foi melhor do que o anterior e ainda levou muito tempo até sentir-se confortável a fazer um discurso. Mas quando a sua pequena vitória afinal for uma pequena derrota, não volte a um estado de medo. Mergulhe dentro desse reservatório, tente compreender o que se passou de errado, estabeleça outro objectivo e comece de novo.

O processo nunca terá verdadeiramente um fim. À medida que o tempo avança, os seus objectivos serão cada vez maiores. E o insucesso, que também acontecerá ocasionalmente, parecerá cada vez menos algo a recear.

Com o tempo, descobrirá que o insucesso apenas lhe ensina algo que precisava de saber — assim, pode reorganizar-se e desafiar-se de novo, cada vez com mais… coragem.

■ ■ ■

50

A VERDADE SOBRE MENTORES

Os artigos sobre o desenvolvimento de carreiras dizem sempre o mesmo: "Encontre um bom mentor." Faz sentido, já que os mentores têm sido essenciais na vida de muitas pessoas, abrindo novos mundos de conhecimento e experiência. Então, que conselhos têm para que alguém como Bill Clinton ou Warren Buffett se encontre, nem que seja durante 30 minutos, com um jovem de 24 anos?

NOVA IORQUE

O nosso aviso é que está a bater à porta errada. Sem dúvida que o Sr. Clinton e o Sr. Buffett lhe transmitiriam profundos conhecimentos acerca de como ter sucesso na vida e no trabalho. Mas um mentor não é um sábio com 30 minutos para dispensar. Para dizer a verdade, um mentor nem sequer é um executivo VIP da sua empresa que tem uma hora reservada para si, semana sim, semana não.

Ou pode ser, desde que também tenha muitos outros mentores. E é aqui que queremos chegar. Apenas um único mentor eminente e muito importante —o tal Santo Graal dos conselhos acerca do desenvolvimento de carreiras — é muito limitador! Tem de querer que *todos* aqueles que conhece ao longo da sua carreira sejam, de algum modo, seus mentores, ensinando-lhe algo que eles saibam e você não.

Muitas empresas, é claro, não abordam o aconselhamento com esta mentalidade. Em vez disso, patrocinam programas formais de *mentoring* nos quais jovens brilhantes se relacionam oficialmente com os seus pares mais velhos e mais sábios em reuniões regulares. Demasiadas vezes, tais relações fabricadas são boas principalmente para dar indicações sobre a cantina e para dar dicas sobre como orientar o sistema de benefícios da empresa. Sem qualquer química verdadeira ou significado relacionado com o trabalho, estas relações geralmente caem no nada com grande rapidez.

Pelo contrário, as melhores relações de *mentoring* são informais, estabelecidas não apenas com os superiores, mas também com pares e subordinados — isto é, com quem possa alargar os seus conhecimentos e a sua forma de pensar. Estas relações, dentro e fora da sua organização, dentro da sua área funcional ou não, podem durar semanas ou uma vida inteira. Podem desenvolver-se em amizades ou podem ser puramente profissionais. De qualquer modo, o importante é a aprendizagem em todas as oportunidades — com qualquer pessoa que esteja disposta a ensiná-lo.

Não estamos a dizer que deve deixar de tentar fazer parte da agenda das grandes figuras de destaque no mundo — mais poder para si — mas estamos a sugerir que pode haver um melhor uso, a longo prazo, do seu tempo. Procure boas ideias em todo o lado. Cada uma que encontre é mais uma experiência de *mentoring*.

51

O MAU CHEFE

O que é melhor: trabalhar para um mau chefe numa boa empresa, ou para um bom chefe numa empresa fraca?

CHICAGO, ILLINOIS

Fizeram-nos esta pergunta várias vezes enquanto viajávamos pelo mundo e temos ficado espantados pela divisão da audiência em relação à resposta. Espantados porque, para nós, esta é uma questão muito fácil. Se tiver de escolher entre estas opções, trabalhe, sem dúvida, para a boa empresa!

Esta é a nossa explicação. Se estiver numa boa empresa, os seus líderes, mais cedo ou mais tarde, encontrarão o mau chefe e destituí-lo-ão. Isso pode levar o seu tempo — meses ou até um ano ou mais. Nesse caso, até pode ser recompensado com uma promoção por ter apresentado bons resultados durante a sua provação. Afinal, toda a gente já passou por isto a certa altura na sua carreira: trabalhar arduamente para alguém temperamental, maldoso ou simplesmente incompetente.

Mas mesmo que não seja promovido pela sua "tarefa de sofrimento" estará, de qualquer modo, melhor por ter aguentado. Poderá ficar onde está, na boa empresa, com um chefe novo e melhor, ou avançar para uma oportunidade mais aliciante. Lembre-se: qualquer experiência que tiver numa empresa boa, rodeado de colegas inteligentes, vale a pena, e a reputação de uma boa empresa dá-lhe uma óptima referência de carreira mais tarde, se precisar dela.

Agora, pense no outro cenário. Sem dúvida, ter um bom chefe é uma das melhores experiências na vida. Os bons chefes podem tornar o trabalho divertido, significativo e tudo mais. Os chefes bons podem fazer com que o trabalho pareça "casa" fora de casa. Podem fazer a sua equipa sentir-se como uma família. Em alguns casos, até podem fazê-lo sentir como se tivesse encontrado um amigo que há muito não via ou até como se tivesse recebido aprovação parental.

Mas o bom chefe – numa dinâmica de empresa fraca - é um caixão de veludo. Todos os chefes se vão embora algum dia — avançam para cima, para fora ou lateralmente. E, um dia, o seu chefe bom também partirá. Na verdade, os chefes bons em empresas fracas são especialmente vulneráveis à mudança, porque têm o *stress* extra de "proteger" os seus colaboradores do impacto dos problemas maiores da empresa. Este fardo pode deixá-

-los esgotados ou deixá-los fora dos jogos de interesses ou ambas as coisas. De qualquer forma, mais cedo ou mais tarde, eles partem.

Por outras palavras, o sentimento que tem ao trabalhar para um bom chefe numa empresa fraca é apenas temporário. O seu chefe partirá, mas a empresa fraca permanecerá e não poderá fazer nada em relação a isso. Estará encurralado. Arranjar um novo emprego depois de ter trabalhado numa empresa com uma reputação medíocre ou fraca é difícil. É quase como se estivesse manchado.

De certo modo, então, esta pergunta resume-se à escolha entre ganhos a curto ou a longo prazo. A curto prazo, trabalhar para um mau chefe, mesmo numa boa empresa, pode ser um inferno. Mas, a longo prazo, quando o chefe se for embora, pelo menos terá a oportunidade de seguir em frente.

Trabalhar para um bom chefe a curto prazo pode, é claro, ser verdadeiramente agradável, mesmo quando a empresa estiver a desmoronar-se à sua volta. A longo prazo, porém, essas vibrações felizes voltarão para o atormentar. O seu chefe partirá e tudo o que tem é uma referência de segunda categoria e boas memórias.

Faça um favor à sua carreira e vá buscar as suas memórias a outro lado.

■　■　■

52

ACABÁMOS DE SER ADQUIRIDOS
E NÃO GOSTEI

A minha pequena empresa foi recentemente adquirida por uma empresa mundial e eu não aguento o que se está a passar. Ao tentarem fazer com que gostemos deles, os novos donos estão a destruir o que os fez adquirirem-nos. Adoro a minha antiga empresa, mas estou a pensar sair. Devo fazê-lo?

ATLANTA, GEÓRGIA

A sua linguagem diz tudo — "os novos donos", "a minha antiga empresa". Você parece a maldição de todas as empresas adquiridas na história das fusões. É um resistente e, se não mudar a sua atitude, é provável que, de qualquer modo, não vá durar lá muito tempo.

Mas não queremos minimizar como é difícil passar por uma aquisição. Quando a sua empresa é comprada ou integrada noutra entidade, mesmo numa "fusão de iguais," pode parecer que alguém morreu. Todas as relações de trabalho que tinha foram terminadas. Todas as conquistas que anunciou foram praticamente esquecidas. O futuro parece muito incerto e, frequentemente, bastante ameaçador. No geral, para os colaboradores da empresa comprada, as aquisições são, por norma, absolutamente horríveis.

Mas tem de encarar a realidade. Quando as boas empresas fazem aquisições, os *compradores* sentem-se óptimos. Estão entusiasmados, cheios de optimismo e sonham com todas as oportunidades que a nova compra trará (afinal, geralmente pagaram muito por isso!). Uma dessas oportunidades é a possibilidade de encontrar bons talentos na empresa comprada. Aliás, quem comprou está a pensar: "Acabámos de arranjar uma colecção de jogadores de onde podemos escolher."

À medida que os novos donos escolhem os melhores e mais brilhantes das equipas combinadas, procuram duas coisas: talento e compromisso. Mas não tenha dúvidas — eles querem estas duas características *misturadas* em cada uma das pessoas. Só o talento não é suficiente. Na verdade, se aprendemos alguma coisa ao observarmos e lidarmos com centenas de casos de fusões e aquisições, foi que as empresas escolhem sempre manter e promover quem tem "boa vontade" em vez dos resistentes, mesmo se os resistentes forem mais inteligentes. Nenhuma empresa compradora quer alguém à sua volta que se queixa e lamenta sobre os "bons velhos tempos". Não importa se sabe muito ou pouco.

A conclusão é: os gestores compradores acreditam que se não estiver a favor do negócio está contra. E mesmo se pensar que mantém as suas objecções em segredo, é provável que os novos donos consigam sentir o seu negativismo. E, se for esse o caso, a decisão de ficar ou sair poderá não ser sua por muito mais tempo.

A mudança é difícil. Mas nos negócios é inevitável. O melhor que tem a fazer é dizer adeus ao passado — acabou. Encontre uma maneira de gostar do seu novo chefe, adopte os valores e as práticas da sua nova organização e aceite o futuro, seja o que for que ele lhe reserva.

Se não conseguir fazer isso — isto é, se não conseguir realmente aceitar que a nova empresa é agora a *sua* empresa — então é melhor sair. Os resistentes nunca conseguem o que querem. Os velhos tempos não vão voltar e, se não acreditar nisso, tem os seus dias contados.

■ ■ ■

53

DE HERÓI A ZERO À ESQUERDA

Até aos 16 anos, ganhava em tudo: desporto, estudos e até conquistei a rapariga. Como é natural, este sucesso gerou um sentimento de confiança nas minhas capacidades e isso permanece comigo até hoje, com 32 anos. Mas algo se tornou óbvio desde que tinha 17 anos e, desde então, tornou-se uma perigosa tendência — quem está numa posição de poder ou autoridade está contra mim. Salvo o ocasional mentor que diz que lhe faço lembrar "eu quando era jovem," pareço destinado a protelar na escada empresarial ou a ser eliminado. Estará o herói da universidade destinado a ser um zero à esquerda?

LONDRES, INGLATERRA

Na verdade, estamos optimistas em relação a si — porque é raro um idiota (à falta de uma palavra mais politicamente correcta) reconhecer que é um idiota. Geralmente, quem está na sua situação culpa os outros pela sua carreira estagnada. No seu caso parece compreender a sua própria cumplicidade nos acontecimentos. E ainda melhor, parece estar à procura de uma solução.

Se tivéssemos de adivinhar, o seu principal pecado é muito comum nos jovens que entram numa maré de sorte — você não cresceu, *inchou*. Quem incha desenvolve todo o tipo de comportamentos pouco atractivos. É arrogante, especialmente para com os seus pares e subordinados. Acumula os louros só para si e deprecia os esforços dos outros, não partilha ideias excepto para as exibir e presta pouca, ou nenhuma, atenção aos outros. Os chefes conseguem detectar estes comportamentos destruidores de equipas a quilómetros de distância e, por isso, não é de estranhar que aqueles com "poder e autoridade" à sua volta, como diz, estejam contra si. Você pode ser muito inteligente e ter resultados brilhantes no trabalho, mas a sua personalidade "inchada" é do tipo que enfraquece a moral de qualquer organização e, por fim, pode prejudicar verdadeiramente o desempenho.

Mas foi bom ter-se apercebido de que vai em direcção ao abismo. É o primeiro passo na tentativa de recomeçar a sua carreira. Infelizmente, poderá não ser capaz de o fazer na sua actual empresa. Provavelmente já cortou, de modo pouco amigável, muitas relações. Portanto, sugerimos o seguinte. A começar a partir de hoje, faça um inventário dos seus comportamentos negativos. Explicando que tem esperanças de mudar os seus modos disfuncionais, peça aos seus chefes, pares e subordinados que lhe dêem um *feedback* brutalmente franco, anonimamente ou por escrito se for mais fácil para eles. Esteja preparado para um terrível despertar, à medida que as pessoas desabafam os seus defeitos com muito ressentimento acumulado.

Depois de processar o que aprendeu, pode tentar uma recuperação na sua empresa actual. Quem sabe — as pessoas podem ficar tão encantadas com a sua nova humildade e desejo de melhorar que estarão dispostas a dar-lhe uma segunda oportunidade. É mais provável, contudo, que precise de partir para outra, já que algumas feridas organizacionais nunca saram. E também poderá ser melhor para si começar de novo num local onde uma má reputação não o persegue para todo o lado.

Como é óbvio, a sua nova procura de trabalho será provavelmente dificultada por péssimas referências. É possível que reparem em si pelo seu QI elevado, mas também pela sua arrogância. Existe apenas uma maneira de lidar com este problema — com total franqueza. Diga aos potenciais empregadores que inchou em vez de crescer por causa do seu sucesso precoce, mas aprendeu a dura lição e está ansioso para corrigir o erro num novo emprego. Assegure-os de que está comprometido em ser um jogador de equipa e que solicitará frequentemente *feedback* de modo a manter-se no caminho certo.

Os seus insucessos passados irão magoá-lo. É impossível suavizá-los. Mas, mais tarde, um bom empregador ficará impressionado com os seus sucessos prematuros, com o seu talento óbvio e ainda com a sua recente franqueza e maturidade. Boa sorte no novo começo. Estamos a apostar em si.

■ ■ ■

54

SEREI UM EMPREENDEDOR?

Hoje sou consultor numa pequena empresa de desenvolvimento organizacional, mas sonho em criar o meu próprio negócio. Como posso saber se tenho o que é preciso para ser um empreendedor? Tenho sempre sentimentos muito contraditórios em relação a este tema.

JOANESBURGO, ÁFRICA DO SUL

Os seus sentimentos contraditórios preocupam-no; e a nós também — e muito. Ser um empreendedor *sem* ambivalência já é complicado. Mas deve ser ainda mais difícil se *ela* existe!

No entanto, a ideia deixa-o suficientemente intrigado para perguntar o que é preciso para ser um empreendedor. A sua pergunta prova que compreende uma verdade fundamental dos negócios: os empreendedores realmente são de uma espécie diferente dos outros colaboradores das empresas. A propósito, não existe nenhum julgamento de valor nesta afirmação. Estes dois tipos de vida podem ser igualmente gratificantes. Mas são diferentes.

Por isso, aqui estão quatro perguntas. Se responder sim a todas, esqueça os sentimentos contraditórios e aventure-se sozinho. Tem o que é necessário para ser empreendedor.

1. Tem uma grande ideia que torna o seu produto ou serviço irresistível para os consumidores de uma forma que nenhum concorrente pode igualar? Por vezes, sentimo-nos atraídos pelo "estilo de vida" dos empreendedores — controlo, autonomia, a possibilidade de uma grande fortuna, etc. — mas não temos a ideia milionária para o tornar realidade. Os verdadeiros empreendedores não só têm uma proposta de valor única para o mercado, como também estão apaixonados por ela. Acreditam apaixonadamente que descobriram a melhor coisa desde a gravidade e, agora, tudo o que têm de fazer é vendê-la ao mundo que espera ansiosamente.

2. Tem a perseverança para ouvir "não" vezes sem conta e continuar a sorrir? Os empreendedores passam grande parte do seu tempo a pedir (e às vezes até a implorar) dinheiro aos investidores de capitais de risco, aos bancos e a outros investidores. Muitas vezes, sofrem um revés. Ninguém gosta de ser rejeitado, mas

CARREIRAS

os empreendedores têm resiliência suficiente para não serem desencorajados por isso. Os melhores até ganham *energia* extra com a experiência; ouvir um "não" apenas os faz ter ainda mais vontade de vender a ideia.

3. **Detesta a incerteza?** Se sim, pare de ler aqui. Os empreendedores passam mais tempo em becos escuros do que os gatos vadios; se não estiverem à caça de dólares, estarão à caça de novos conceitos de tecnologia ou serviços, para além de tudo o resto de que precisam para construir um negócio. Se não for em becos escuros, é a bordo de um barco que deixa entrar água no mar picado — ou, dizendo isto de uma forma mais simples, muitas vezes estão a ficar sem dinheiro quando apostam no desconhecido. Se for um empreendedor, isso até parece, bem, divertido.

4. **Tem personalidade para atrair pessoas inteligentes para perseguirem consigo o seu sonho?** É claro que no início pode trabalhar sozinho. Mas, com algum sucesso, precisará de recrutar profissionais notáveis a quem não pode pagar muito. Para fazer isso, precisa do talento especial para fazer com que os outros gostem do seu sonho tanto quanto você. Precisa da capacidade para converter os colaboradores em verdadeiros crentes.

Certamente não queremos desencorajar ninguém de criar o seu próprio negócio. Os mercados livres dependem dos empreendedores; são a essência das economias saudáveis em toda a parte. Saiba apenas, porém, que aventurar-se sozinho é um afastamento radical de qualquer emprego que alguma vez teve numa empresa.

Não arrisque se isso o preocupar — e avance se o entusiasmar verdadeiramente.

■ ■ ■

55

UM CASO DE REPUTAÇÃO INTRÍNSECA?

Estou verdadeiramente confusa. Hoje recebi o meu bónus anual e é dez por cento mais baixo do que no ano passado. O problema é que fui contratada há um ano como secretária mas, tendo frequentando a universidade em *part-time*, terminei um curso de Relações Públicas e há seis meses fui promovida para um cargo superior como membro da equipa do Departamento de Comunicação. Cumpri os meus objectivos, recebi cartas de recomendação e tenho uma carga de trabalho muito maior do que antes. Apesar disso — recebi um bónus inferior! O que devo fazer?

JOANESBURGO, ÁFRICA DO SUL

A sua carta não nos dá duas informações essenciais quando se analisa os bónus: como foi o desempenho global da totalidade da empresa este ano e como foi o desempenho do seu departamento em particular. Se a resposta em ambos os casos for "pior do que o ano passado," então a razão para a diminuição de dez por cento pode estar debaixo do seu nariz.

Outra possibilidade pode ser uma asneira burocrática à moda antiga. O seu antigo chefe e o seu novo chefe podem não ter trocado impressões acerca do seu salário, ou o departamento de RH pode ter deixado escapar algo quando mudou de funções. Acontece.

Mas também existe uma terceira possibilidade e, sem dúvida, uma na qual deve pensar a sério se a sua empresa e departamento tiveram bons resultados no ano passado. Pode ter cumprido os seus objectivos, mas o seu desempenho é uma coisa *relativa*. Pode ser (e provavelmente é) medido relativamente ao que era esperado de si, mas também ao desempenho de outros elementos da equipa. É provável que tenha tido um desempenho suficiente para receber *feedback* positivo, mas não tão bom como era esperado ou não tão bom como o desempenho de alguns dos seus colegas.

Como é óbvio, só há uma forma de descobrir o que se passa e isso passa por ter uma conversa franca com o seu chefe. Marque uma reunião e, calmamente, peça-lhe para explicar o porquê do seu bónus. O seu principal objectivo com esta reunião é *aprender*. Portanto, oiça mais do que fale e, sem dúvida, faça-o depressa. Nunca deixe a confusão agravar-se. Com o tempo, pode transformar-se em raiva.

Um último ponto, e mais abrangente, para qualquer um que tenha feito uma licenciatura enquanto trabalhava numa empresa. Pela nossa experiência, assim que tiver investido o seu tempo em mais estudos, à noite ou em *part-time*, o melhor é mudar para outra organização. As pessoas têm tendência para ganhar nas suas empresas aquilo que denominamos por "reputação intrínseca". Um diploma de estudos parece nunca mudar isso, mesmo que o seu trabalho melhore. Se quiser recuperar o investimento que fez na sua formação, leve as suas referências para outro lado, onde tem muito mais hipóteses de fazer boa figura como pretendia.

■ ■ ■

56

POR QUE NÃO CONSIGO SER RECRUTADO?

Dirijo hoje uma pequena empresa de consultoria de gestão no "modo de sobrevivência" — por outras palavras, não está a ter sucesso devido à falta de recursos financeiros. Há alguns meses, decidi que ia largar o negócio e comecei a enviar o meu CV para me candidatar a posições executivas. As respostas têm sido desencorajadoras, para não dizer pior. Acham que o problema é do meu CV ou não estou a apresentar-me convincentemente nas entrevistas? Em suma, como devo promover-me de modo a sair deste impasse?

JOANESBURGO, ÁFRICA DO SUL

Encaremos a realidade. Os consultores geralmente têm muita facilidade em arranjar um novo emprego. Normalmente têm formação, alguma competência em termos de pensamento crítico sofisticado e podem gabar-se de ter uma vasta experiência na actividade e uma grande familiaridade com ferramentas de gestão inovadoras. O facto de não ter sido "agarrado" por uma empresa sugere que pode haver não só algo de errado com o seu CV ou com a sua apresentação durante as entrevistas — mas também pode haver algo de errado nas suas expectativas.

Já considerou a hipótese de estar com expectativas demasiado elevadas? No fim de contas, a sua principal referência — ou a mais recente, pelo menos — é a empresa que dirige, e está com problemas. Obviamente, o insucesso não é um bom sinal para qualquer potencial empregador. As empresas estão à procura de vencedores.

Então, o que pode fazer para sair do "impasse", como tão adequadamente identifica? O nosso primeiro conselho é que procure activamente e esteja ansioso por ir a entrevistas para posições de nível inferior às que tem vindo a equacionar até agora. A dura realidade é que poderá não ser capaz de começar a trabalhar assumindo um cargo executivo. Poderá ter de entrar no mercado de trabalho simplesmente como elemento de uma equipa ou como contribuinte individual sem quaisquer responsabilidades de gestão. Pode não ser muito bom para o seu ego, ou para o seu bolso, mas, se for bom, a sua carreira há-de avançar rapidamente à medida que mostra as suas qualidades.

Quando reduzir um pouco as suas expectativas, o segundo conselho que lhe damos é: promova-se com total franqueza. Tanto no seu CV como nas entrevistas, não tente suavizar o facto de a sua empresa de consultoria não estar a ter sucesso. Não culpe a "falta de recursos financeiros", como se o insucesso da empresa estivesse fora do seu controlo. *Você* era o chefe; *você* não foi capaz de arranjar capital de arranque suficiente, ou clientes suficientes, ou de servi-los de modo suficientemente económico para ter lucro. *Assuma* o colapso da empresa. Diga o que pensa que fez de errado e o que fará de diferente no futuro de modo a ser um vencedor. Descreva o que aprendeu com a experiência, como se tornou num homem de negócios melhor — mais perspicaz, mais decisivo, entre outras coisas. O seu CV diz muito a seu respeito, mas a sua honestidade e autenticidade — e o seu desejo de começar de novo, mas melhor — impressionará os potenciais empregadores mais do que qualquer outra coisa que possa dizer.

Por fim, seja positivo. O processo de encontrar emprego depois de sair de uma situação má leva, geralmente, mais tempo do que gostaria e também é mais desencorajador. Mas a frustração ou a raiva — ou qualquer sentimento negativo — apenas tornará a procura pior para si. Irá sentir-se enervado e o seu comportamento, por mais que tente escondê-lo, irá torná-lo menos atractivo para as empresas. Por isso, faça o que for preciso para recorrer às suas reservas de autoconfiança. Apoie-se nos amigos e na

CARREIRAS

família e depois avance e jogue para ganhar — optimista, cem por cento franco e disposto a reiniciar a sua carreira num emprego onde possa demonstrar todo o potencial inexplorado que tem.

■ ■ ■

57

ESTÃO A DIZER-ME ALGUMA COISA

Tenho um dilema ético. Sou consultor interno numa empresa industrial, onde utilizo ferramentas conceptuais de modo a melhorar os processos. Percebi que os executivos da empresa não acham que o meu trabalho seja útil ou importante para os resultados. Devo sair da empresa e, desse modo, ser desleal para como o meu gestor, ou devo ficar, sabendo que o meu trabalho poderá nunca ser convenientemente reconhecido?

SÃO PAULO, BRASIL

Não tem um problema ético. Tem um problema clássico de carreira e a solução é simples: precisa de sair.

Veja, está numa empresa onde o trabalho que faz não é valorizado. Receamos que não faça qualquer diferença se tem ou não razão. O seu trabalho pode ter o potencial de revelar lucros não declarados. Mas se os seus chefes acham que isso não é importante, estará a pregar no deserto. Faça um favor a si próprio. Encontre outro sítio onde a gestão valorize o trabalho conceptual que faz. E, muito provavelmente, o gestor que deixar para trás não vai achar que foi desleal. Ele sabe o que se passa — e ficará feliz ao substituí-lo por alguém em maior sintonia com a forma de pensar da equipa de gestão.

A propósito, denominámos o seu problema de "clássico" porque é muito comum. Normalmente começa como no seu caso, com o sentimento progressivo de que o excelente trabalho que está a fazer não interessa particularmente a quem está no poder. A situação depressa se agrava à medida que o colaborador fica zangado e frustrado e os chefes ficam cada vez mais aborrecidos. À medida que o descontentamento aumenta, o desempenho do colaborador tende a piorar e certos sentimentos de ressentimento — de ambos os lados — crescem até um nível de ruptura.

Depois, *boom*, normalmente o colaborador é despedido ou despede-se num acesso de raiva. Felizmente, não é tarde de mais para evitar isso no seu caso. Torne a sua saída amigável e ordeira. Será bom tanto para a empresa como para a sua reputação seguirem em frente. Mas faça depressa o que tem a fazer — avance.

■　■　■

58

BEM-VINDO AO GOVERNO, MIÚDO

Tenho 22 anos, acabei de sair da Universidade da Geórgia onde estudei Finanças e passei os Verões a fazer estágios fantásticos em empresas. Agora faço parte da equipa de um senador dos EUA e, embora o trabalho seja fascinante, estou a ter dificuldades em adaptar-me à cultura do Governo. Algum conselho?

WASHINGTON, D.C.

Bem-vindo ao mundo da política, onde todos os valores do mundo dos negócios que lhe foram ensinados nos últimos anos praticamente não têm qualquer validade. Falamos de valores como o estabelecer de objectivos de forma transparente, a atribuição de recompensas pelo sucesso, pela produtividade e pela rapidez. Certamente os seus professores de Finanças elogiavam esses valores constantemente e os seus orientadores de estágios de Verão fizeram o mesmo. Mas na política existem valores diferentes e o seu problema de adaptação sugere que começou a descobri-los.

Não se preocupe.

O seu novo emprego faz parte de um sistema absolutamente essencial para o funcionamento saudável da sociedade. Sem dúvida sentiu-se orgulhoso em aceitar um cargo no Governo e teve razão para isso.

Mas há algo que o incomoda e, se tivéssemos de adivinhar, é a... quer dizer, a política da política. A burocracia. O fazer compromissos. Os negócios, os favores e os sinais de identificação. A falta de diferenciação e de franqueza. A mentalidade "Eu faço-te um favor, tu fazes-me outro" desse mundo. É tudo tão pouco competitivo, não é?

É — e não muda. O Governo está cheio das ineficácias da política e sempre assim estará.

Mas isso é bom para alguns, que constroem as suas carreiras no Governo. Mas, dado o seu rápido mal-estar, não parece fazer parte desse grupo. O seu futuro está no sector privado.

No entanto, não tenha pressa. A boa notícia é que uns anos na política podem ser muito bons para uma carreira no mundo empresarial. Saber como as coisas são feitas no Governo pode ser muito útil em todo o tipo de situações que pode enfrentar, especialmente quando chega a níveis mais seniores numa empresa.

O mesmo não se pode dizer da situação inversa. Ou seja, é raro a experiência empresarial ajudar alguém a ter sucesso no Governo. Sim, em muitos países alguns ex-CEO assumem cargos públicos importantes, mas muito poucos conquistaram grandes feitos, para não dizer pior.

Porquê? Ninguém sabe ao certo, mas apostaríamos que sentem exactamente a mesma frustração que sente — apenas multiplicada por muitos.

■ ■ ■

59

SABER QUANDO PARAR

Defendem que os líderes devem ser francos e eu concordo. Mas o que aconselhariam a um gestor intermédio que trabalha numa empresa onde os líderes colocam questões estimulantes "na prateleira", raramente lhes dando resposta, e têm tendência para atrasar (ou terminar) a carreira de quem que continua a fazer as perguntas.

MINEÁPOLIS, MINNESOTA

Antes de respondermos podemos, com todo o respeito, fazer-lhe uma pergunta não muito agradável? Será que o problema poderá ser você? Acontece, de vez em quando, que os líderes ignoram "questões estimulantes" porque essas questões são mais aborrecidas do que construtivas — e quem as coloca também o é.

Se esse for o seu caso, e se tiver a capacidade para aceitar esse facto desagradável, a nossa única sugestão é redireccionar as suas energias em direcção ao trabalho verdadeiro — ou *você* irá para a prateleira dentro de pouco tempo.

Vamos presumir que esse não é o seu caso e que as suas perguntas são pertinentes, mas talvez um pouco sensíveis. Nesse caso, encontra-se numa de duas situações possíveis, nenhuma delas perfeita mas ambas implementáveis.

Pode ser que tenha um problema de chefes — isto é, que o seu chefe seja um idiota e não consiga lidar com um diálogo aberto, em especial se for potencialmente conflituoso. Nesse caso, se gosta muito do seu emprego, o melhor que tem a fazer é esperar pacientemente durante algum tempo.

Por outro lado, pode ter um problema de cultura, isto é, os líderes da organização, em geral, não valorizam a curiosidade construtiva como modo de vida. Nesse caso, tem de fazer uma pergunta a si próprio. O seu emprego tem vantagens suficientes para poder viver com esta desvantagem insuportável?

Não estamos a tentar influenciar a testemunha — a resposta poderia ser sim.

Veja o caso de um amigo nosso. Há cerca de 12 anos atrás, tornou-se director de logística numa pequena empresa de consultoria. Desde então, a empresa tem tido bons resultados, mas os seus três sócios têm permanecido impenetráveis. Os colaboradores nunca sabem o que os sócios pensam sobre o rumo da empresa — querem fortalecê-lo ou invertê-lo? – ou como avaliam o desempenho dos colaboradores. O resultado é um constante sentimento de ansiedade e de confusão básica acerca da estratégia e da alocação de recursos.

O nosso amigo, porém, não tenciona sair. Tem um bom salário e tem de fazer uma viagem curta para chegar ao emprego. O trabalho é interessante, diz ele, e gosta da maioria dos colegas. Sim, a falta de franqueza dos líderes deixa-o doido — "de tempos a tempos", como ele diz — e tem a certeza que atrasa o crescimento da empresa.

Mas, segundo ele, trocou "um trabalho de qualidade aceitável por uma qualidade de vida fantástica. Um bom negócio, se quiserem a minha opinião".

Tal como o nosso amigo, também pode ficar e reconciliar-se com a sua situação. Ou se souber que atingiu o seu limite, comece à procura de um novo emprego. Cair entre estas duas opções — permanecer e resmungar entre dentes — é o caminho mais curto para, provavelmente, o pior inferno imaginável no local de trabalho: a vitimização. As pessoas com esta autopunição vêem-se como heróis vencidos. Pelos seus chefes, são vistos como idiotas que roubam energia. Não faça isso!

Apenas você sabe qual é o "negócio" que, por fim, irá fazer. Certifique-se apenas de que toma uma decisão — num sentido ou noutro.

■　■　■

60

É DAQUELAS PESSOAS QUE DETESTAM CHEFES?

Eu e a minha mulher presenciamos com regularidade situações de incompetência, de tolerância para com decisões estúpidas e de completa falta de profissionalismo nas empresas da lista das 500 maiores empresas da revista *Fortune* onde trabalhamos. Por que razão é tão difícil encontrar um gestor que possamos respeitar e seguir o exemplo, e com quem possamos aprender?

BARRINGTON, ILLINOIS

Não é difícil. Mas exige uma certa forma de pensar — que podem ter dificuldade em encontrar em vós próprios. Se isso acontecer, não são os únicos.

Na verdade, todas as semanas recebemos vários *e-mails* parecidos com o seu. As palavras e os detalhes são diferentes, é claro, mas a questão subjacente é sempre a mesma: Por que é que sou a única pessoa na minha empresa que vê estas coisas?

Compreendemos que existem dias em que parece que todos à sua volta são incompetentes. Afinal as empresas são compostas por pessoas e as pessoas podem fazer asneira, recompensar a mediocridade, entrar em politiquices e cometer uma grande variedade de pecados organizacionais. Mas a perspectiva de que "são todos burros menos eu" é perigosa. Não só destrói carreiras, como também não é correcta. Como explica o criativo e próspero sector de actividade dos serviços financeiros? Os génios inovadores na área das ciências da vida? A realidade é que há demasiadas empresas a ter um bom desempenho todos os dias, inventando, produzindo, vendendo e distribuindo milhões de produtos e serviços e obtendo lucros de milhões, para que todos os gestores sejam completamente tolos. Não pode ser.

É por isso que sugerimos que reflicta sobre a sua forma de pensar, procurando uma atitude que possa explicar a sua visão obscura do mundo do trabalho. Para sermos francos, estamos a pensar se não será uma daquelas pessoas que detestam chefes.

Mas muito poucos se identificariam como tal — geralmente vêem-se como nobres vítimas, "detentores da verdade," por assim dizer. Esqueça esta frase. Aqueles que detestam os chefes são uma espécie à parte. Não importa onde trabalham — grandes empresas, pequenas empresas familiares, parcerias, organizações sem fins lucrativos, jornais ou agências governamentais. Quem detesta os chefes entra em qualquer relação de autoridade com um cepticismo pouco reprimido e com um negativismo enraizado em relação ao "sistema." E, embora as razões por detrás desta atitude possam ser variadas, desde a educação até à personalidade e à tendência para a parcialidade, aqueles que detestam os chefes estão ligados pela sua incapacidade de reconhecer o valor de qualquer um que esteja num nível hierarquicamente superior.

Curiosamente, em qualquer organização aqueles que detestam os chefes têm tendência para se reconhecerem uns aos outros e, uma vez unidos, geralmente tornam-se bastante sinceros em relação às suas opiniões. E também têm tendência para ter um QI elevado. É lamentável, na realidade. Porque em vez de usarem a sua inteligência para procurar novas ideias a fim de melhorarem o modo como o trabalho é feito, aqueles que detestam os chefes concentram-se em todas as falhas da organização e na idiotice pura e incompreensível dos superiores.

É claro que, devido à sua inteligência, aqueles que detestam os chefes progridem — por pouco tempo. Mas, mais frequentemente, a organização pressente o modo como pensam e os chefes respondem na mesma moeda com distanciamento, ou pior.

Mas talvez você não seja um daqueles que detestam os chefes. Mas a natureza abrangente da sua pergunta põe à prova essa ideia. Sugerimos, então, que faça um teste a si próprio. Será que todos os chefes que encontrou até hoje têm um problema?

Ou será que o problema é algo que pode resolver — simplesmente abrindo a sua mente?

■ ■ ■

61

À PROCURA DE UM SEGUNDO ACTO

> Tenho 58 anos e há cerca de dois aceitei uma "reforma antecipada" forçada do meu emprego de gestor intermédio no sector das vendas. Desde então, tive muitas dificuldades em voltar ao trabalho, apesar de ter enviado centenas de CV e de ter procurado ajuda junto dos meus conhecimentos. Ainda tenho muito para dar e não estou pronto para desistir. O que fazer a seguir?
>
> KANSAS CITY, MISSOURI

Tendo esgotado as empresas tradicionais que, obviamente, o acham demasiado velho, pouco à vontade com os métodos do novo mundo ou demasiado problemático para o contratarem, ainda tem, pelo menos, uma opção: encontrar uma empresa onde o seu recrutamento não represente qualquer risco.

Por outras palavras, precisa de um emprego onde a remuneração seja totalmente variável — é pago à comissão e recebe um salário baixo, se receber algum. Sim, a maioria desses empregos, para um antigo colaborador do sector de vendas como você, mais parece um jardim-de--infância. Mas, com a sua experiência e ambição, poderá facilmente saltar alguns anos. Tudo o que precisa é da primeira porta, que lhe garantimos que se abrirá quando disser as palavras mágicas a um empregador: "Dê-me uma oportunidade — estou livre."

■ ■ ■

62

CONSEGUE OUVIR?

Recentemente parece ter havido uma explosão de *coaching* de executivos. Isso funciona realmente?

EDIMBURGO, ESCÓCIA

Em geral, sim. O seu valor depende, é claro, da qualidade do *coach*. É um campo onde não existe qualquer formação e acreditação específicos, a não ser para aqueles que a procuram. Sem dúvida, existem por aí uns charlatães que simplesmente lhe dizem o que quer ouvir, ou que não têm grande tacto para a liderança, nunca tendo, eles próprios, sido líderes. Obviamente, estes casos são inúteis.

Mas os bons *coaches* de executivos podem providenciar um serviço verdadeiramente importante. Conseguem olhá-lo olhos nos olhos e dizer-lhe o que mais ninguém lhe diz, especialmente se você for o chefe. Mensagens como: "Não ouve com atenção suficiente" ou "é demasiado solitário" ou "adula a administração mas demasiadas vezes intimida os seus próprios colaboradores". Conseguem dizer-lhe que depende demasiado dos conselhos de um colaborador que, na verdade, não é muito inteligente, ou basicamente várias outras mensagens desagradáveis que exigem alguma coragem para serem transmitidas.

O seu desafio é ouvi-los. Porque, afinal, o derradeiro valor do *coaching* de executivos — feito correctamente — é tão grande ou tão pequeno como a sua capacidade para o receber.

EMPRESAS PRIVADAS NÃO COTADAS EM BOLSA

▪ *Sobre Trabalhar para a Família*

Antes de termos escrito *Vencer*, responderíamos tipicamente às perguntas acerca de empresas privadas não cotadas em bolsa com um "passo". Acreditávamos que tais empresas, frequentemente caracterizadas por relações familiares complexas e pela ausência de um "tratamento justo" convencional, estavam fora da nossa área de especialização. Mas, desde que o livro foi publicado, ficámos encantados ao descobrirmos como *Vencer* foi útil para este tipo de empresas e começámos a passar mais tempo com os seus donos e gestores. Sim, as empresas privadas não cotadas em bolsa têm um conjunto específico de problemas. Mas, tal como a (curta) secção seguinte mostra, partilham um objectivo com o mundo empresarial e, por vezes, ainda com mais paixão: criar uma empresa melhor para a geração seguinte.

63

MAS ENTÃO E O AMANHÃ?

Trabalho para o meu pai, o fundador de um negócio de família de grande sucesso com uma equipa de gestão fantástica. O problema é que o meu pai, embora seja um excelente líder, não tem planos de sucessão. Mas, a bem da empresa e do futuro dos nossos filhos, precisamos de um. Como abordá-lo acerca deste assunto sem dar a ideia de que quero "ficar" com a empresa para meu proveito pessoal?

CHICAGO, ILLINOIS

Primeiro, vamos ao mais importante. Não precisa necessariamente de um plano de sucessão. Você é que quer um.

E, quanto a isso, o seu pai — como excelente líder que é — pode muito bem ter um plano. Apenas não lhe diz nada.

EMPRESAS PRIVADAS NÃO COTADAS EM BOLSA 227

De qualquer modo, está a ter uma ideia de como é trabalhar numa típica empresa cotada em bolsa, onde os planos de sucessão geralmente são informações mantidas em privado até muito tarde. E, contudo, estas empresas ainda conseguem progredir, de um CEO para outro, e os seus executivos conseguem fazer planos para o futuro dos seus filhos. Com menos informações, acabam por ter de usar o seu bom senso.

Sim, a vida seria mais fácil para si, e para *todos* os candidatos a CEO, se previamente soubessem alguma coisa mais sobre o futuro. Mas conseguimos pensar em pelo menos três razões para explicar por que é que raramente as coisas acontecem dessa forma.

Primeiro, as pessoas desenvolvem-se a ritmos diferentes. Um possível sucessor que começa com grande glória poderá esmorecer com o tempo e alguém com uma iniciação mais lenta poderá vingar. Um CEO precisa de pelo menos alguns anos para observar os candidatos em várias funções e em ambientes económicos diferentes antes de tomar a decisão final.

Segundo, fazer um anúncio de sucessão demasiado cedo pode colocar a empresa numa situação de confusão se não existirem planos de recurso para substituir o talento que, inevitavelmente, se vai embora quando o novo CEO for escolhido. Tais planos levam o seu tempo a ser estabelecidos.

Finalmente, se o CEO estiver a fazer um trabalho fantástico e a gostar de o fazer — como o seu pai — não tem interesse em tornar-se num *lame duck** precoce.

Sugerimos, então, que dê ao seu pai o benefício da dúvida. De acordo com os detalhes da sua carta que não publicámos a seu pedido, ele é um grande homem. O seu negócio de família está num sector de actividade brutalmente competitivo, mas ele liderou-o com discernimento e competência durante décadas, e está a prosperar. Ele construiu uma equipa de gestão forte e é respeitado por todos. Certamente não está a ser insensato em relação à sucessão. Ele tem uma razão para achar que deve esperar e, se ele for o líder que parece ser, você entenderá porquê na altura certa.

■ ■ ■

---

*   N.T. A expressão *lame duck* descreve alguém que detém poder de decisão numa altura em que esse poder está prestes a acabar e apenas aguarda, por exemplo, que o seu sucessor tome posse.

64

A ESSÊNCIA DO NEPOTISMO

Fui recentemente recrutado como gestor para uma empresa familiar. A minha chefe, a *vice-president* da área de *marketing*, é a mulher do CEO. Ela nunca frequentou a universidade, não tem qualquer experiência em *marketing* e, contudo, controla meticulosamente todos os colaboradores, incluindo nós que temos um MBA. Ouvi dizer que muitos profissionais com talento saíram da empresa por sua causa e que ela despede qualquer um que discorde dela, com o total apoio do marido. A não ser que peça a demissão, como posso lidar com o nepotismo injusto?

AUSTIN, TEXAS

Não queremos ser problemáticos, mas onde é que estava durante o processo de recrutamento para este trabalho?

Perguntamos isto porque parece ser um pouco tarde estar agora a descobrir essas informações que deviam fazer parte da diligência de todos quando avaliam um emprego numa empresa familiar. Informações como: quantos primos querem a sua próxima promoção e se é fatal — ou apenas perigoso — discordar dos familiares do CEO.

Não queremos com isto dizer que se deve evitar trabalhar em empresas familiares. Estas organizações, que constituem uma parte significativa da economia, oferecem alguns dos melhores empregos em muitas áreas.

Mas quando decide trabalhar numa empresa familiar, tem de compreender que está a aceitar um negócio especial. E todos os negócios têm compromissos.

Com este, há um lado positivo. As empresas familiares dão-lhe um nível de cooperação e de informalidade que raramente se encontram em ambientes de grandes empresas, com culturas que são, na melhor das hipóteses, pessoais e cordiais. Os colaboradores podem sentir-se como membros da família, não como números, e os gestores (como você, por exemplo) muitas vezes têm acesso directo aos accionistas e aos decisores. Pode mesmo sentir que faz parte do jogo.

Mas também existe um lado negativo, como está a descobrir. Porque quando entra para uma empresa familiar, especialmente se for pequena ou média, muitas vezes desiste do processo de julgamento, por falta de uma expressão mais adequada, que "impõe" justiça nas

EMPRESAS PRIVADAS NÃO COTADAS EM BOLSA

organizações geridas profissionalmente. Não queremos com isto dizer que as empresas cotadas em bolsa não têm a sua quota-parte de chefes arbitrários ou ameaçadores, ou que estão desprovidas de situações de favoritismo. Mas os controlos e as comparações na maioria das empresas cotadas em bolsa, tais como inquéritos à satisfação dos colaboradores e a "alta autoridade" dos RH, são suficientes para dar aos colaboradores um sentimento de que é possível serem ouvidos durante situações de conflito.

O único modo de lidar com a ausência de julgamento nas empresas familiares é estar preparado. Mesmo se as coisas estiverem a correr bem, os colaboradores devem sempre ter uma estratégia de retirada. E se estiver a pensar juntar-se a uma empresa familiar como CEO, ou mesmo como gestor de topo, não avance se não negociar inicialmente um pacote de indemnização.

Mas então e o seu caso? Parece não ter contrato e diz que não se quer demitir. Isso significa que a sua única opção é adaptar-se. Tem de descobrir qual a melhor maneira de trabalhar com a esposa do CEO. Esqueça o seu nível de formação ou a falta dele — ela é, de qualquer forma, a sua chefe. Por isso, abrande o seu desejo de fazer mudanças ou de dizer abertamente o que pensa e dê-lhe uma oportunidade para ela o conhecer — e para confiar em si.

Sim, a diligência durante o processo de recrutamento poder-lhe-ia ter dado sinais de alerta e talvez pudesse ter evitado a confusão em que se meteu. Mas agora é tarde de mais para isso. O nepotismo que está a encontrar faz parte do negócio familiar.

Aproveite os benefícios enquanto duram.

■ ■ ■

65

AS CONSEQUÊNCIAS DE VENDER
UM NEGÓCIO

Depois de 65 anos enquanto empresa familiar, fomos vendidos a uma grande empresa de 250 milhões de dólares. Manteremos o nome, funcionaremos como uma unidade de negócio independente e todos manterão o seu emprego. Na prática, nada mudou, mas sabemos que não é assim. Como é que eu, enquanto *President*, e os meus colaboradores poderemos fazer uma adaptação mais rápida e apropriada ao nosso novo mundo?

BRIDGEPORT, CONNECTICUT

Parabéns... e parabéns. Primeiro pelo negócio em si — você e a sua equipa de topo provavelmente fizeram bem em vender e devem estar satisfeitos com as recompensas financeiras por terem construído uma empresa que o mercado adorou.

Segundo, por se ter apercebido que, mesmo que tudo possa parecer igual, nada assim será. Foram comprados.

Você e os seus colaboradores agora trabalham para outra empresa. E mesmo que esse outro alguém goste muito de vocês, terá o seu próprio modo de fazer as coisas. Os RH terão uma nova forma de fazer avaliações. O departamento de finanças terá um modo diferente de formatar os números. E por aí em diante; haverá novos processos, políticas e procedimentos em abundância.

E por isso, para responder à sua pergunta, a forma mais rápida e apropriada para se adaptar é: convencer-se. Não tem de reprimir as suas opiniões. Mas a sua energia em relação à mudança deve ser positiva e todas as críticas construtivas. Nada de lamúrias e queixas do género "mas nós costumávamos..." e "dantes era melhor". Muito simplesmente, você concedeu esse "direito" quando vendeu a empresa.

Compreendemos que uma aquisição é uma das mudanças mais traumáticas por que uma empresa pode passar. Para você pessoalmente, o dinheiro pode ter eliminado o sofrimento. Mas, se quer que os seus colaboradores e organização prosperem, como claramente pretende, então a sua mensagem tem de ser simples. O passado chegou ao fim — aceitemos a novidade.

■ ■ ■

66

TRAZER O EXTERIOR PARA DENTRO

Sou um bioquímico de 29 anos que trabalha numa pequena empresa fundada pelo meu pai há 32 anos. Há muito tempo que a empresa não cresce e tenho medo que possamos acabar por desaparecer. Eu e o meu pai não temos qualquer experiência de gestão e parece que não conseguimos tornar os nossos sonhos realidade. Ajudará alguma coisa se tirar um MBA ou se actualizar os meus conhecimentos técnicos?

VITÓRIA, BRASIL

Provavelmente não. O seu problema é grande e o tempo escasso. Em vez disso, tem de aceitar que chegou a um momento da verdade na evolução de muitas *start-ups* e empreendimentos familiares. Uma única tecnologia ou produto, juntamente com paixão e ímpeto, só o podem levar até certo ponto. Agora precisa de ajuda — do exterior.

Não entre em pânico. Vá para a rua e encontre o melhor CEO que conseguir. Sim, esse passo pode ser uma experiência extremamente desagradável para donos e empreendedores na sua situação, mas geralmente só custa no início, quando discute os novos papéis e relações. Depois disso, podem ser só vantagens, visto que quem vem de fora, com a sua experiência e sede de mudança, encontram o caminho para o crescimento que lhe tem escapado.

E você, a propósito, está numa posição particularmente favorável. Quem procura poderá vir do seu próprio sector de actividade. A Big Pharma está a ter os seus próprios problemas de crescimento. E, por isso, existem muitos executivos com talento que, provavelmente, aproveitariam a oportunidade de transformar uma empresa familiar de biotecnologia em apuros.

É claro que, para atrair um tal agente da mudança, terá de abdicar de algo. Você e o seu pai, por exemplo, poderão ter de abdicar de algumas operações diárias, do recrutamento e planeamento estratégico. Terá também de abdicar de algum valor. Não pode simplesmente acolher um CEO fantástico do exterior sem lhe dar parte dos lucros. A boa notícia é que, se a sua nova aposta fizer um bom trabalho, à medida que a empresa cresce e prospera, todos ficam a ganhar, financeiramente e não só.

Sim, abdicar disso tudo pode ser assustador. Mas não há nada a temer, já que você e o seu pai terão o controlo maioritário da empresa. Certifique-se apenas de que usa esse controlo de forma sensata.

Lembre-se, recrutou um dos melhores não para que este lhe obedeça — mas para que o salve!

VENCER E PERDER

▪ *Sobre Por Que é Que os Negócios São Bons*

Vencer não poderia ter sido publicado num momento mais delicado no ciclo de vida dos negócios mundiais. A bolha da tecnologia acabara de rebentar, retirando muita confiança do sistema; a emergência do terrorismo introduzira uma instabilidade nova e aparentemente obstinada nos mercados; e os escândalos empresariais estavam em alta. Após mais de uma década de um sentimento de "vai-vai-vai" contagiante no mundo dos negócios, de repente havia um sentimento generalizado de "não-não-não". Nenhum crescimento, nenhuma certeza, nenhum orgulho.

O último destes — o argumento de que os negócios são intrinsecamente uma coisa má — sempre nos pareceu o mais infundado e, sem dúvida, até o mais perigoso para o futuro de uma sociedade saudável.

Neste último conjunto de respostas, explicamos porquê.

AS RECOMPENSAS DA SOX

Terá o novo ambiente regulador nos EUA — causado pela abundância de escândalos empresariais — enfraquecido o espírito empreendedor do país e entorpecido a sua vertente competitiva?

NOVA IORQUE

Não — mas temos de ter cuidado ao avançarmos.

Veja, não se pode negar que em 2001 dois grandes acontecimentos tiveram um grande impacto no ambiente empresarial dos EUA. Primeiro, a vaga bastante divulgada de escândalos empresariais que começaram a ser descobertos nesse ano levou à aprovação da Lei Sarbanes-Oxley, com a sua nova legião de exigências mais apertadas para os relatórios financeiros e, paralelamente, de duras sanções. A SOX, como é geralmente denominada, provocou um receio generalizado de correr riscos. E enquanto as suas exigências afectavam todas as empresas, as pequenas iniciativas empreendedoras, com o seu número limitado de colaboradores e *cash flow* apertado, sentiram certamente mais os custos adicionais.

Segundo, houve o 11 de Setembro, que desencadeou novas e severas regras de imigração. Embora totalmente compreensíveis, essas regras afectaram a atribuição de um visto denominado H-1B, o que torna mais difícil que profissionais qualificados estrangeiros, isto é, futuros empreendedores, permaneçam nos EUA após completarem a sua formação.

Tanto a SOX como o H-1B tiveram consequências involuntárias que poderiam ter enfraquecido verdadeiramente o espírito empreendedor norte-americano. Mas não o fizeram. Eis a razão.

Para começar, vejamos a SOX. Sem dúvida que a SOX era necessária. Os investidores precisavam desesperadamente de ver que o Governo estava empenhado em manter o mundo dos negócios norte-americano transparente e justo. A SOX fez exactamente isso, o que foi óptimo. Mas qualquer lei que seja aprovada no Senado com 99 votos a favor e zero contra *tem* de ser excessiva — e a SOX era.

Porém, já começámos a ver as restrições mais apertadas e divergentes da SOX dar lugar ao bom senso por parte dos reguladores. A SEC* reavaliou e reviu cuida-

---

* **N.T.** *Securities & Exchange Commission* – Comissão de valores mobiliários dos EUA.

dosamente alguns artigos da SOX. A normalidade e o equilíbrio estão a voltar gradualmente ao sistema.

Quanto às novas leis de imigração, o cenário ainda não é tão positivo. Na realidade, em 2004 o Governo dos EUA diminuiu em dois terços o número de estrangeiros com o visto H-1B permitidos no país — de 195 para 65 mil — embora o custo de apoiar esses estrangeiros fosse reduzido para os empregadores. Durante a nossa visita a dezenas de escolas de Ciências Empresariais norte--americanas, tomámos conhecimento das dificuldades causadas por esta regra e não apenas através dos próprios jovens, mas também através dos professores que os queriam ajudar a concretizar o seu sonho de criar o seu próprio negócio nos EUA.

Assim, a SOX é um bom exemplo de como uma lei necessária, mas excessiva, no sistema norte-americano pode ser modificada de modo a reflectir a realidade dos mercados e é provável que o mesmo aconteça no que diz respeito à imigração. Os EUA foram construídos, em grande parte, graças ao intelecto, ao coração e ao suor dos recém-chegados e tem de continuar a beneficiar da afluência dos melhores e mais inteligentes do futuro, vindos de todas as partes do mundo.

Mas mesmo que o regresso a leis de imigração mais abertas seja lento, os EUA ainda tem três grandes vantagens competitivas no mercado global.

Primeiro, o seu Governo e o seu povo são fortemente pró-negócios. Acreditam no capitalismo e todos os aspectos do sistema político reforçam essa crença. Os impostos, embora significantes, não são onerosos. Os pedidos de medidas proteccionistas são postos de parte a favor de iniciativas de comércio livre.

Segundo, a cultura norte-americana glorifica os empreendedores. Alguns dos seus maiores heróis incluem grandes inventores desde Thomas Edison e Henry Ford a Bill Gates e Michael Dell. E ninguém sente vergonha em dizer aos outros — incluindo aos pais — "Vou criar um negócio na garagem". Na verdade, é mais provável que cause inveja ou respeito do que receio.

Terceiro e último, os EUA têm grandes mercados de capital e o engenho para os usar de modo a criarem grandes empresas. A Europa, o Japão e a América Latina estão demasiado atrasados em relação aos EUA em termos de capital ou de desejo, ou de ambos, para injectarem recursos nos fundos de risco que galvanizam *start-ups* em todos os sectores de actividade. De igual modo, não têm a proliferação de empresas de *private equity* que encontramos nos EUA, com a sua tendência para transformar negócios lentos em organizações ferozmente competitivas. Nos EUA, as boas ideias e os empreendedores que as têm não precisam de pedinchar. Pelo contrário, são perseguidos até que se chega ao ponto em que há mais dinheiro do que boas ideias nas quais investir.

Muito simplesmente, os EUA são um recreio para os empreendedores e nem as regulamentações automáticas e excessivas lhe conseguem retirar o divertimento, a energia, o poder... ou o espírito.

■　■　■

68

A TEORIA DA CONSPIRAÇÃO
COCKTAIL PARTY

Acreditam que as grandes empresas estão crivadas de politiquices de escritório — a síndrome do "quem se conhece e não o que se sabe" — de tal modo que muitos são afastados a favor daqueles que assumem uma determinada postura?

BILLERICAY, ESSEX, INGLATERRA

Haverá sempre politiquices de escritório, mas é exagerado pensar que as grandes empresas estão "crivadas" delas. Muitas empresas por todo o mundo — empresas vencedoras — fazem todos os dias tudo o que está ao seu alcance para acabar com este problema. Aliás, estão *desesperadas* para o fazer. Porquê? Porque todos os gestores com alguns neurónios na cabeça sabem que se vence quando aqueles que têm melhor desempenho — e não os que "assumem uma determinada postura" — são ouvidos e progridem. Não acha que a Microsoft se tornou na empresa de computadores com mais sucesso em todo o mundo com um bando de palermas bajuladores na equipa sénior de gestão, pois não? Ou que a Procter & Gamble revigorou a sua abordagem à inovação porque promoveu uns quantos bajuladores imbecis? Nem pensar. Estas empresas, e milhares atrás de milhares como elas, apresentam bons resultados porque são meritocracias, onde a inteligência e o trabalho são mais importantes do que quem bebeu uns *cocktails* com o chefe a semana passada.

Segundo a nossa experiência, as politiquices são sobretudo a esfera de acção de apenas três tipos de colaboradores.

O primeiro representa aqueles que detestam chefes. São indivíduos perpetuamente insatisfeitos em quase todas as organizações, que têm um desprezo congénito pela autoridade. Faz parte da sua constituição. E vão para o trabalho todos os dias à *procura* de intrigas palacianas e faz parte dessa campanha resmungar entre dentes que alguns imbecis indignos progrediram por causa de "conhecimentos".

Ao segundo tipo pertencem aqueles que têm um desempenho fraco e que depois usam as politiquices de escritório para explicar as suas próprias falhas. "Eles mereciam a promoção, mas a Mary consegui-a porque andou na escola com o irmão do chefe" e outros discursos deste género.

E o terceiro tipo é constituído por aqueles que estão subaproveitados — os aborrecidos. Como diz o velho ditado: "As mãos ociosas são o reino do demónio." E cérebros ociosos também.

Tendo em conta quem está por detrás das politiquices de escritório, é fácil perceber por que afecta principalmente as más empresas. As boas empresas trabalham arduamente para afastar este tipo de pessoas, ou para as recolocar no rumo certo. Isso não significa que o consigam sempre, mas nunca param de tentar.

■　■　■

69

O QUE DIZER AOS NETOS

Após uma carreira gratificante e de sucesso como engenheiro e gestor, estou a chegar a uma altura em que os
meus netos me pedem conselhos sobre os seus rumos
educativos e profissionais. Se estivessem no meu lugar,
o que lhes diriam?

MILWAUKEE, WISCONSIN

Sempre que nos fazem esta pergunta há uma imagem forte que nos vem à memória. É a imagem de
uma amiga nossa que foi encorajada (ela diria "empur-
rada") pelos pais — na década de 70 — para ser médica.
Naquela altura, tirar o curso de Medicina era como
ganhar a lotaria, mas com mais respeito incluído. Então,
a nossa amiga seguiu o plano. Os seus pais aplaudiram;
ela continuou corajosamente.

Avancemos rapidamente até ao presente. A nossa
amiga tira fotografias como modo de vida — com muita
alegria, devemos acrescentar. Abandonou a sua carreira

de 20 anos como neurologista quando tinha 45 anos, a dizer: "A vida é demasiado curta para passarmos os dias a fazer uma coisa que não gostamos."

É isso que aconselharíamos que dissesse aos seus netos.

Mas compreendemos que em cada Era existe algo que vai mudar o mundo. Nos anos 70, os universitários eram pressionados para estudar Geologia, para aproveitarem o crescente número de oportunidades na exploração de petróleo e gás. Nos anos 80, o *investment banking* e a consultoria eram as minas de ouro do futuro e, nos anos 90, o lema colectivo era: "Agarra a Internet, jovem." Afinal, não eram coisas más. As indústrias do petróleo e do gás continuam a florescer. O *investment banking* e a consultoria continuam a crescer, criando fortunas para muitos. E a Internet, após ter resistido a um período de quebra, está forte e a fortalecer-se ainda mais.

Hoje em dia, todas as setas apontam em direcção às indústrias da biotecnologia, da nanotecnologia e das tecnologias da informação, e para a convergência delas. É onde o crescimento e o maior entusiasmo provavelmente residirão nas próximas décadas.

Mas estes dados são apenas importantes se os seus netos gostarem tanto de ciências ou de tecnologia que nunca se cansam de aprender mais sobre alguma delas, ou ambas.

Se não gostarem, devem seguir o conselho valioso da nossa amiga: a única carreira que vale a pena seguir é aquela que nos inspira.

Por isso, fale com os seus netos acerca do que vai mudar o mundo, mas diga-lhes com mais entusiasmo que devem fazer o que gostam. Diga-lhes para agarrarem a carreira que alimente o cérebro, o coração e a alma, e lhes dá significado. Diga-lhes que, mais cedo ou mais tarde, o dinheiro aparecerá e, se não aparecer, com o tempo, verão que estão ricos com o que o dinheiro não pode comprar. E isso, obviamente, é a felicidade.

■ ■ ■

70

ADEUS GENGHIS KHAN

"Não basta eu ter sucesso. Todos os outros têm de falhar" são palavras atribuídas a Genghis Khan e por vezes citadas por magnatas dos nossos dias. No actual mundo implacável e hipercompetitivo dos negócios, o que pensam desta atitude?

STILLWATER, OKLAHOMA

É parvoíce, é claro, porque não é o modo como os negócios realmente funcionam, nem deve ser.

Mas, obviamente, não vai andar por aí a desejar boa sorte à sua concorrência. Todos os empresários determinados querem vencer — querem as maiores vendas, a maior quota de mercado, as maiores margens de lucro e por aí em diante.

Mas os empresários determinados também percebem que a concorrência, apesar de todo o incómodo, tem uma finalidade. Intensifica a sua concentração. Mantém-no lutador e ávido. E os melhores sobem a fasquia em todos os aspectos do desempenho, desde a inovação até à distribuição.

Sem concorrência, as empresas geralmente tornam-se preguiçosas e acomodadas. Um bom exemplo: todos os monopólios burocráticos que se afundaram, fizeram-no em grande parte, graças à auto-satisfação e arrogância que resultou da conquista do sucesso que perseguiam.

Por isso, pode não querer que a sua concorrência vença, mas, ao contrário de Genghis Khan, quer que ela esteja à sua volta. É bom para os clientes, é bom para si (embora por vezes seja doloroso) e é bom para os negócios em geral.

E analisando a citação a um nível individual — continua errada, mesmo para os mais ambiciosos entre nós. Não vamos negar que o prazer de ver os outros sofrer existe; faz parte da natureza humana sentir uma pequena pontada de alívio (ou pior, de felicidade) quando um colega faz asneira. Mas quem tem mais sucesso luta contra esse instinto com todas as suas forças. Sabe que, como diz o velho ditado, o azar de uns pode não ser a sorte de outros.

A melhor coisa que pode acontecer no trabalho — e na vida — é estar rodeado de pessoas inteligentes e sérias. Quando temos concorrentes fortes, aprendemos com eles e melhoramos por causa deles. Quando têm bons resultados, você também tem, quer seguindo o exemplo deles, quer fazendo parte da sua equipa.

Por isso, talvez o Sr. Khan quisesse dizer alguma coisa há 800 anos, lutando contra senhores da guerra nas planícies da Mongólia, mas no mundo actual, magnata ou não, o conselho dele parece estar pronto para sair de circulação.

■   ■   ■

71

E OS VENCIDOS SÃO...

Toda esta conversa sobre vencer faz-me pensar: existe neste mundo lugar para os vencidos? Apenas uma pequena percentagem de pessoas tem sucesso; o que devem fazer todos os não vencedores, matar-se?

BANGALORE, ÍNDIA

Mas que pergunta! Só pode querer dizer que vê o sucesso apenas em termos económicos. E não tem de ser assim.

Nós encaramos o sucesso de outra forma — passa por estabelecer objectivos pessoais e alcançá-los e (igualmente importante) desfrutar da experiência durante todo o processo. Vencer não tem nada — ou tudo — a ver com o seu emprego. Sim, pode vencer como um executivo numa grande empresa, mas pode vencer de modo igualmente significante como carpinteiro, professor de Matemática ou cantor numa banda de casamentos. Pode vencer constituindo família, cuidando dos seus pais ou sendo um bom amigo — desde que esses sejam os sonhos que escolheu para si. De facto, os maiores vencedores do mundo são aqueles que respondem sim à pergunta: "Estarei a viver a vida que escolhi?"

Um dos maiores vencedores que conhecemos é uma pessoa que, pela sua definição económica, provavelmente não se qualificaria para tal. Jim O'Connell licenciou-se na Harvard Medical School. Mas, em vez de seguir uma carreira lucrativa e de prestígio, tem passado os últimos 22 anos a conduzir uma carrinha pelas ruas de Boston praticamente todas as noites, proporcionando cuidados médicos aos sem-abrigo. Tem uma vida simples; o dinheiro não é importante para ele. E, contudo, a vida de Jim é cheia de alegria e ele é amado por todos aqueles que tiveram a sorte de o conhecer, desde pessoas da rua até aos senadores.

Veja, vencer e perder não podem ser quantificados. São estados de espírito e perder acontece apenas quando se desiste. Visto desta maneira, então, o mundo pode estar cheio de vencedores e existe espaço para todos eles.

■ ■ ■

72

QUAL A VERDADE SOBRE A WAL-MART

A Wal-Mart é uma força para o bem ou para o mal do mundo?

EXETER, NEW HAMPSHIRE

Temos ouvido esta pergunta cada vez mais nos últimos meses, mas talvez com mais fervor vinda de estudantes do secundário que a colocaram da forma que aqui se vê, juntamente com o observação: "Afirmam que os negócios são bons para a sociedade, mas a Wal-Mart destrói-a."

Destrói-a? Nem pensar.

A Wal-Mart é uma grande empresa. Talvez seja politicamente incorrecto dizer isto hoje em dia, mas é totalmente verdade. A Wal-Mart ajuda pessoas, comunidades e economias inteiras a prosperar.

Sim, a Wal-Mart é enorme e ainda está a crescer. Sim, o seu modelo de negócios é ameaçador para a concorrência e o seu poder de compra é assustador para os fornecedores. Mas tudo isso não torna a Wal-Mart numa força para o *mal*. Apenas torna a Wal-Mart num enorme alvo para os críticos que, pelas suas próprias razões, não reconhecem as muitas formas que a Wal-Mart tem de melhorar a vida das pessoas.

Vejamos os indivíduos. Primeiro, e mais óbvio, os preços da Wal-Mart têm um impacto positivo muito grande na qualidade de vida de milhões de consumidores. Nenhum outro retalhista oferece tantos bons produtos a preços tão baixos, desde mercearias a material escolar, a medicamentos e a material de decoração para a casa. E, ao fazê-lo, a Wal-Mart ajuda a reduzir as despesas domésticas de uma forma que nenhum programa social ou governamental conseguiria.

Além do mais, a Wal-Mart ajuda os indivíduos no longo prazo e de uma forma entusiasmante. Concede aos seus colaboradores um extraordinário acesso à ascensão social, mesmo àqueles com modestas qualificações. A organização está repleta de histórias de colaboradores que começaram nas lojas como caixas e trabalharam até chegarem a cargos de gestão. E, com o crescimento internacional da Wal-Mart, estamos agora a presenciar casos de evolução de carreira que podem começar na área do *merchandising* no Texas, que passam para a logística no Arkansas e acabam em cargos de liderança de divisões na Europa e na Ásia. Apenas as forças armadas chegam aos calcanhares da Wal-Mart no que diz respeito a conceder formação e oportunidades aos indivíduos que não têm outra hipótese de fugir de um estilo de vida de salários reduzidos e de entrar num novo mundo de possibilidades.

Os preços baixos da Wal-Mart e a sua vasta força laboral, é claro, têm um efeito cumulativo nas economias locais e nacionais onde a empresa opera. Os preços baixos mantêm a inflação baixa, enquanto o poder de compra dos colaboradores mantém a procura em alta.

Isto é mau?

Mas existem críticos que afirmam que a Wal-Mart enfraquece a economia norte-americana ao tornar impossível que pequenas empresas se desenvolvam, muitas até que consigam sobreviver. Mas esse argumento não faz sentido. Enquanto concorrente, a Wal-Mart não se aproxima das *start-ups* de tecnologia que são a essência da economia norte-americana — os pequenos empreendimentos de tecnologia de rápido desenvolvimento de Silicon Valley, os laboratórios futuristas de biotecnologia em Boston e na Califórnia, as inovadoras *"plays"* da Internet que surgem em todo o lado. No que respeita a *start-ups* mais tradicionais — as que fabricam produtos — podem, no mínimo, ser ajudadas pela Wal-Mart, que já demonstrou que dará uma hipótese aos empreendedores suficientemente corajosos para jogarem o seu jogo.

Conhecemos, por exemplo, o caso de uma mulher de negócios de Miami, Tam Tran, que promoveu e desenvolveu a Anise Cosmetics, uma empresa de vernizes e tratamentos para as unhas, a que ela conseguiu dar um empurrão até se tornar num sucesso nacional *porque* a Wal-Mart teve os recursos e o discernimento de arriscar na sua linha de produtos única. Dois executivos da empresa ajudaram Tam a formular uma nova mensagem de *marketing* e a melhorar as embalagens antes de lançar os seus produtos em 1400 lojas Wal-Mart. "Eles foram criativos e proactivos comigo," escreveu-nos ela há não muito tempo. "Nenhum outro retalhista perdeu tempo a pensar no nosso projecto. Eles foram justos e totalmente profissionais."

Está bem, então talvez a Wal-Mart não aniquile os empreendedores. Mas, tal como outros críticos afirmam, e então as comunidades? A Wal-Mart não extermina as lojas familiares — as pequenas farmácias, as lojas de ferragens e de mobiliário e as mercearias — que tratavam muito melhor os seus clientes e colaboradores?

Ah, essa linha de pensamento é um caso de nostalgia por um tempo que nunca existiu.

Sim, a Wal-Mart tem significado o fim de muitas lojas locais e, sim, em algumas delas os clientes eram cumprimentados pelo nome quando entravam. Mas foram os mesmos clientes que *escolheram* fazer compras na Wal-Mart quando esta chegou à cidade, porque os preços baixos, aparentemente, são mais importantes para a sua qualidade de vida do que um aceno ou um sorriso. Não há nenhuma conspiração, é apenas o mercado livre em funcionamento.

No que diz respeito a colaboradores mais bem trata-dos — parvoíce. Na maioria das cidades pequenas, era o dono da loja que conduzia o melhor carro, que vivia na casa mais luxuosa e que era membro do clube de campo local. Entretanto, os seus colaboradores não partilha-vam propriamente dessa riqueza. Raramente tinham seguro de vida ou benefícios de saúde e, certamente, não recebiam grande coisa sob a forma de formação ou de salários elevados. E poucos desses donos de loja tinham planos de crescimento ou de expansão; a sua vida estava bem estabelecida. Era bom para eles, mas era um tor-mento para qualquer colaborador que procurasse carrei-ras que transformam uma vida.

Os críticos também são contra a Wal-Mart por ser vio-lenta com os seus fornecedores. É difícil negociar, dizem, com a empresa que "controla" o circuito. Quer seja baloi-ços ou carne fumada, tem de se vender à Wal-Mart de acordo com as condições dela, ou então não se vende.

Diríamos que isso é verdade. A enorme quota de mer-cado da Wal-Mart dá-lhe um poder de manobra subs-tancial sobre os seus fornecedores. Mas, em décadas de negociações com eles na General Electric, por exemplo, os compradores da Wal-Mart sempre foram éticos e nunca injustos. Eram apenas duros. A GE ganhou muitas negociações com a Wal-Mart e perdeu algumas. Mas perder tinha o seu lado positivo. Forçava a GE a olhar para o seu interior para ver como podia fazer o *seu* trabalho melhor — como baixar os seus custos de produção, por exemplo, ou como ser mais flexível em relação ao modo como um produto era concebido ou embalado.

Em última análise, os preços permaneceram baixos e o cliente ficou a ganhar. E é isso que motiva a Wal-Mart — manter os seus clientes satisfeitos — e é por isso que continua a aumentar as vendas e os lucros.

Sim, haverá vítimas por causa do sucesso da Wal-Mart. Alguns dos seus concorrentes deixarão de funcionar por causa do seu modelo de negócios e perder-se-ão alguns postos de trabalho no processo. Mas, nesse aspecto, a Wal-Mart não difere em nada da Toyota na indústria automóvel. Quando a Toyota apareceu nos anos 70, também foi acusada de perturbar o *statu quo*. Passadas décadas, a maioria agora aceita que a Toyota apenas tinha um modo melhor de fazer negócios. A sua proposta de valor aos consumidores elevou a norma de todo o sector, exigindo que muitas empresas automóveis que tinham perdido a sua qualidade de *design* e fabrico acordassem, reinventassem os seus métodos e começassem a produzir melhores automóveis por muito menos.

A Toyota foi um agente da mudança e, como tal, tem feito mais pela sociedade do que qualquer empresa em dificuldades.

E essa também é a história da Wal-Mart. É uma empresa notável que ajuda os consumidores e os colaboradores a vencerem e a crescerem e, enquanto o fizer, também vencerá e crescerá — merecidamente.

73

O VERDADEIRO VEREDICTO
SOBRE OS NEGÓCIOS

Nos dias e semanas após os veredictos do caso Enron terem sido anunciados em Maio de 2006, deu-se compreensivelmente uma atenção especial às vítimas do colapso da empresa: colaboradores que tinham perdido o seu emprego e as suas reformas, accionistas que conjuntamente perderam milhares de milhões de dólares e residentes de Houston, onde a Enron desempenhava um importante papel na área da solidariedade social.

Foi dito que os veredictos serviriam de pouco consolo para as vítimas. Sim, o sistema funcionou. Na realidade, o antigo sistema funcionava, uma vez que Jeff Skilling e Ken Lay foram julgados ao abrigo de leis que estavam em vigor muito antes da aprovação da Lei Sarbanes-Oxley em 2002. Mas toda a gente concordava que as condenações não podiam trazer de volta todo aquele dinheiro perdido nem podiam reparar todas as vidas desfeitas.

Nem, acrescentaríamos nós, parece que conseguirão trazer de volta o optimismo, a confiança e a coragem que tornavam os negócios tão divertidos.

Sim, divertidos. Lembram-se? Antes de os negócios terem sido transformados no demónio pela Enron e por outras empresas onde se descobriram actos ilícitos, estar no mundo dos negócios era diferente. O rebentamento da bolha da Internet causou, sem dúvida, impacto, mas estamos a falar de um fenómeno que suplanta isso. É difícil quantificar, mas sentimos uma espécie de medo e de tremores onde quer que vamos. As pessoas preocupam-se com o facto de correrem riscos. Estão ansiosas em relação ao futuro. Hesitam dizer que adoram o seu trabalho. Resumidamente, os negócios perderam alguma da sua chama. É uma vergonha desnecessária.

Porquê? Porque se os escândalos empresariais nos mostraram alguma coisa, foi que comportamentos deploráveis são, na verdade, raros. O *Wall Street Journal* calcula que cerca de mil pessoas foram condenadas por crimes empresariais desde Julho de 2002. São mil — não dez mil nem cem mil — entre as dezenas de milhões de pessoas de negócios. Nem todos os casos de comportamento danoso foram descobertos, mas um número avassalador de empresas cumprem as regras e, na maioria das vezes, as regras funcionam.

Nós sabemos isso e você provavelmente também. Pode estar a ter dificuldades em admiti-lo. Há algum tempo, estávamos a discursar para um grupo de agentes de seguros na Florida. Era um grupo animado até que alguém perguntou: "Sou só eu ou existem outras pessoas aqui que agora se sentem envergonhadas ao admitir que trabalham em negócios? Quer dizer, um pouco... sujas? Sei que não fiz nada de mal e que trabalho com boas pessoas. Mas, no entanto..." Fez-se silêncio e depois o público deu-lhe uma salva de palmas de apoio. Estavam todos no mesmo barco.

Este tipo de aversão a si mesmos não é o único efeito colateral preocupante do transformado clima de negócios. Em todo o lado, os gestores dizem-nos que gastam muito tempo num modo defensivo, cabisbaixos, entoando, "obediência, obediência, obediência." Contudo, é obvio que defendemos a exactidão nos relatórios — e a integridade inflexível. Mas, mesmo cinco anos após o caso Enron, as marcas que deixou fazem com que muitas empresas andem às voltas em vez de traçarem novos horizontes.

Os negócios não são perfeitos e nunca serão enquanto forem compostos por seres humanos. Afinal de contas, temos muitas leis e as pessoas ainda ultrapassam os limites de velocidade, assaltam lojas de conveniência e, é claro, fazem muito pior. O FBI faz uma rusga ao escritório de um congressista; outro é indiciado e demite-se. Um jornalista num jornal respeitado inventa histórias há anos. Um homem do clero rouba o que está na caixa das esmolas para financiar um estilo de vida luxuoso.

Assim como poderia desprezar os negócios por causa de tais aberrações como a Enron, poderia desprezar todos os funcionários públicos, os *media* e o clero por causa de uma pequena percentagem de políticos, jornalistas ou padres. Mais valia desprezar toda a humanidade.

Os negócios são uma enorme fonte de vitalidade no mundo e um nobre empreendimento. Empresas prósperas e sérias estão em todo o lado e devem ser glorificadas. Criam emprego e oportunidades, propiciam receitas para o Estado e são a base de uma sociedade livre e democrática. Quem trabalha em empresas vencedoras dá algo em troca: pagam impostos, são conselheiros em escolas, são voluntários em corporações de bombeiros. Por isso, não acredite na conversa de que a Enron são os negócios e que os negócios são uma coisa má. A Enron e outras foram excepções. Os negócios são uma coisa boa. Aliás, os negócios são fantásticos.

Sim, o caso Enron fez vítimas. Toda a história é uma tragédia. Mas não podemos deixar que um grupo relativamente pequeno de empresas reescreva a realidade e faça os empresários encolherem-se de vergonha e perder a coragem. Não podemos deixar que os negócios — o motor e grande esperança da sociedade — sejam a vítima final da Enron.

■　■　■

74

O QUE SIGNIFICA VENCER?

Cedo na minha carreira ouvi dizer: "Não existem lucros em vencer se perdermos a alma." Agora pergunto-me se isto é verdade — se os historiadores do futuro irão olhar para trás, para os nossos tempos, e dizer: "Eles ganharam fortunas pessoais numa nova economia global, mas destruíram famílias, comunidades e até nações." A minha pergunta é, então, a seguinte: para vocês, o que significa vencer? Não é algo mais do que o que os mercados podem oferecer?

EDIMBURGO, ESCÓCIA

Vencer, na realidade, não tem nada a ver com os mercados. Ou, melhor dizendo, não *tem* necessariamente nada a ver com eles. Segundo a nossa definição, vencer é um trajecto pessoal. Tem a ver com você, enquanto indivíduo, estabelecer um objectivo e alcançá-lo. Esse objectivo pode ser constituir e sustentar uma família feliz e saudável. Pode passar por fundar ou financiar um centro de acolhimento para os sem-abrigo. Pode ser ensinar crianças a ler; pode ser velejar pelo mundo fora.

E, no entanto, pode ser criar uma empresa próspera que tenha sucesso no mercado global.

Vencer tem a ver com chegar ao destino que escolheu. Não tem necessariamente a ver com lucros, embora também possa ter. Mas vencer, no essencial, tem a ver com fazer algo com a sua vida. Tem a ver com progresso e significado. Tem a ver com a realização pessoal.

Vencer não tem a ver com a destruição de famílias, comunidades e nações. Nem quando são empresas que fazem parte da nova economia global que vencem. Na realidade, a sua sugestão de que o sucesso económico é, por definição, moralmente corrupto, está completamente errada.

Veja, vencer no mundo dos negócios não é um jogo em que os ganhos de um são as perdas dos outros. No desporto, quando uma equipa ganha, a outra perde. Pelo contrário, no mundo dos negócios, quando uma empresa ganha geralmente também existem muitos outros vencedores colaterais. Os executivos de sucesso e os accionistas de uma empresa beneficiam, é claro, assim como os seus colaboradores, distribuidores e fornecedores. Em alguns casos — a Microsoft e a Amgen são dois bons exemplos entre milhares — o sucesso de uma empresa levou à criação de dezenas de outras empresas, que fornecem ou vendem para a empresa-mãe. Por vezes, elas criam sectores de actividade totalmente novos, com muitos novos concorrentes. O mais importante é que estas novas empresas criam emprego, a essência de qualquer sociedade. Quando as pessoas têm um trabalho que tem algum significado, têm liberdade para estabelecer os seus próprios objectivos e não apenas para sobreviver. Podem dar educação aos seus filhos, podem viajar ou fazer doações para instituições de solidariedade social. Podem sonhar.

Juntamente com a criação de emprego, as empresas vencedoras pagam impostos, tal como os seus colaboradores, financiando inúmeros programas, desde escolas até hospitais e tribunais.

Nisto tudo, o que é que "destrói"?

É óbvio que existem empresários que perdem a alma em troca de lucros, como disse. Essa é uma velha história que, infelizmente, é reavivada de tempos a tempos com um novo relato de fraude, mentiras ou roubos empresariais. Existem e sempre existirão idiotas corruptos e não apenas nos negócios, mas em todas as áreas, desde o sacerdócio à política.

Mas acreditamos fortemente que a maioria dos homens e mulheres nos negócios, como as pessoas em geral, são bons. Querem vencer da forma correcta, de forma limpa e justa, seguindo as regras. Querem criar empresas ou ajudar a construí-las. Querem andar, todos os dias, à procura de novas ideias. Querem inventar novas tecnologias e novas formas de fazer as coisas. Querem um futuro diferente — um futuro melhor para si próprios, para a sua família, amigos e colegas.

Será que os historiadores do futuro irão olhar para eles e dizer que a sua definição de vencer destruiu o mundo?

Ou será que irão dizer que tornaram o mundo um lugar melhor?

■　■　■

Gostou deste livro? Oferecemos-lhe a oportunidade de comprar outros dos nossos títulos com 10% de desconto. O envio é gratuito (correio normal) para Portugal Continental e Ilhas.

	Título	Autores	Preço
☐	**Sociedade Pós-Capitalista**	Peter F. Drucker	19 € + iva = 19,95 €
☐	**Liderança Inteligente**	Alan Hooper e John Potter	19 € + iva = 19,95 €
☐	**O que é a Gestão**	Joan Magretta	19 € + iva = 19,95 €
☐	**A Agenda**	Michael Hammer	19 € + iva = 19,95 €
☐	**O Mundo das Marcas**	Vários	20 € + iva = 21,00 €
☐	**Vencer**	Jack e Suzy Welch	21 € + iva = 22,05 €
☐	**Como Enriquecer na Bolsa**	Mary Buffett e David Clark com Warren Buffett	14 € + iva = 14,70 €
☐	**Vencer (áudio)**	Jack e Suzy Welch	15 € + iva = 18,15 €
☐	**O Diário de Drucker** (versão capa mole)	Peter Drucker com Joseph A. Maciarello	19 € + iva = 19,95 €
☐	**O Mundo é Plano**	Thomas L. Friedman	20 € + iva = 21,00 €
☐	**O Futuro é Hoje**	John C. Maxwell	19 € + iva = 19,95 €
☐	**Nunca Almoce Sozinho**	Keith Ferrazzi com Tahl Raz	19 € + iva = 19,95 €
☐	**Sou Director, e Agora?**	Thomas J. Neff e James M. Citrin	19 € + iva = 19,95 €
☐	**O Meu Eu e Outros Temas Importantes**	Charles Handy	19 € + iva = 19,95 €
☐	**Buzzmarketing**	Mark Hughes	19 € + iva = 19,95 €
☐	**A Revolução da Riqueza**	Alvin e Heidi Toffler	21 € + iva = 22,05 €

Colecção Espírito de Negócios

	Título	Autores	Preço
☐	**Gestão do Tempo**	Polly Bird	18 € + iva = 18,90 €
☐	**O Poder do Pensamento Positivo nos Negócios**	Scott W. Ventrella	18 € + iva = 18,90 €
☐	**A Arte da Liderança Pessoal**	Randi B. Noyes	18 € + iva = 18,90 €
☐	**Comunicar com Sucesso**	Perry Wood	18 € + iva = 18,90 €
☐	**Persuasão**	Dave Lakhani	18 € + iva = 18,90 €
☐	**Como destruir uma empresa em 12 meses… ou antes**	Luis Castañeda	18 € + iva = 18,90 €

Colecção Harvard Business School Press

	Título	Autores	Preço
☐	**Visão Periférica**	George S. Day e Paul J.H. Schoemaker	20 € + iva = 21,00 €
☐	**Questões de Carácter**	Joseph L. Badaracco, Jr.	20 € + iva = 21,00 €

Total	
10% desconto	
Custo Final	

Pode enviar o pagamento por cheque cruzado, ao cuidado de
Conjuntura Actual Editora, L.da – para a seguinte morada:
Caixa Postal 180
Rua Correia Teles, 28-A
1350-100 Lisboa
Portugal
Por favor inclua o nome completo, morada e número de contribuinte.

Os preços, adequados
à data em que o livro foi
editado, e a disponibilidade
podem ser alterados.
Para mais informações
visite o nosso site:
www.actualeditora.com